Les relations de coopération économique entre les États-Unis et la Côte d'Ivoire de 2012 à 2017

Implications pour le développement de la Côte d'Ivoire

Jean-Marc Oulai

Les relations de coopération économique entre les États-Unis et la Côte d'Ivoire de 2012 à 2017

Implications pour le développement de la Côte d'Ivoire

Sénégal
L'Harmattan

10 VDN, Sicap Amitié 3, Lotissement Cité Police, DAKAR

http://www.harmattansenegal.com
senharmattan@gmail.com
senlibrairie@gmail.com

ISBN : 978-2-343-23103-7
EAN : 9782343231037

DÉDICACE

Je dédie ce travail :

À Dieu, vers qui j'adresse chaque jour mes prières. Seigneur, tu exauces mes prières car je puis tout par celui qui me fortifie. Amen !

À Mon Père Oulaï Victor, à ma mère Gueï Marguérite épouse Oulaï

À tous ceux qui m'ont aidé de près ou de loin.

REMERCIEMENTS

À mon Encadreur, Professeur Ngoie Joël Nshisso qui a bien voulu accepter de m'encadrer pour ce travail ; recevez toute ma gratitude ;

Au Directeur général M. Babacar Socrate Diallo et au personnel du CEDS de Paris Antenne régionale de Dakar, au Programme Post-Master d'études diplomatiques supérieures et d'Intelligence économique, spécialement à Monsieur Timothé Amoussou, Monsieur Camara, Madame Lô, Monsieur Aidara, Monsieur Sarr et à leur personnel enseignant, pour la qualité de la formation ;

À mon épouse Oulaï Féya Sophie, mes Fils Oulaï bien-aimés Jean Emmanuel Joshua et Oulaï Mark David Amour, à ma fille Kristen Grace Maria Oulaï pour leur courage et leur amour ;

À mon frère Oulaï Francis Honora et ma sœur Mme Doua Sonya née Oulaï Sonya ;

À feu Professeur Alfred Bollet Gbaka, vous restez pour moi un Modèle à imiter et une référence académique. Puisse Dieu se souvenir de votre générosité et de vos œuvres !

À Monseigneur Benjamin Ndiaye, Archevêque de Dakar pour vos prières et vos conseils ;

Au Révérend Père Gustav Anoh Adou, Secrétaire exécutif de la Pastorale de la Santé de l'Église Catholique de Côte d'Ivoire, au Révérend Père Aurel Dasilva, Religieux dominicain, aux Frères Marcel Ble et Edward Brou du Service catholique d'Évangélisation de l'Église Catholique de Côte d'Ivoire ;

Aux membres de ma Fraternité Foi et Lumière et de mon GIE Foi et Lumière Développement ;

Au Professeur Assane Thiam, Directeur de Cabinet du ministère de la Femme, de la Famille et de l'Enfant de Côte d'Ivoire et toute son équipe ;

Au Docteur d'État en Sciences économiques, Dr Souleymane Keïta de la FASEG UCAD de Dakar ; je vous suis infiniment reconnaissant ;

À Madame Jackson et ses collaborateurs de l'ACD de l'Ambassade des États-Unis au Sénégal, je vous suis infiniment reconnaissant ;

Au Colonnel Mamadou Adje de la Gendarmerie nationale du Sénégal ;

Au Lieutenant-Colonel Seck et au Commandant Mohamed Niang de la Douane sénégalaise ;

A Monsieur Kara Diallo, specialist AGOA Trade Hub ;

À Madame Ba de l'Ambassade des États-Unis au Sénégal, à Madame Mame Khary Diène et Mme Fatou de l'AWEP Sénégal ;

À Madame Comfort et son époux de l'AWEP West Africa ;

À Madame Suzanne Abrogoua, Monsieur Guiro de l'AWEP Côte d'Ivoire ;

À l'Honorable Raymond Adouko député en Côte d'Ivoire et Mme YANGNI Colette de la Chambre de Commerce et d'Industrie de Côte d'Ivoire ;

À Mesdames Sidi Touré, Chantal Donvide de l'AWEP TOGO ;

À Madame Josita de l'Ambassade des États-Unis au Togo ;

À Monsieur Josias Gilbert Kavege du Centre des Ressources AGOA du Togo ;

À Monsieur Gerard Amangoua DGA de l'APEX-CI ;

À Monsieur Laurent Manlan Président du Forum Société Civile de la Côte d'Ivoire Forum AGOA ;

À Monsieur Anthony Adjasse, CEO de AANCC ;

À Messieurs Abdoulaye Faye de l'ADEPME et Diop de l'ASEPEX;

À Madame Nadira de l'Ambassade des États-Unis en Côte d'Ivoire ;

À mes collègues de la 20e promotion CEDS, avec lesquels j'ai partagé des moments inoubliables au cours de la formation;

À Monsieur Éric Quenel et au Dr Kane de l'IMAN et tout son personnel;

À Madame Joséphine Louise DiouF et Monsieur Ulrich Anthelme ADOMBI;

À Madame Francine Carvalho, Madame Hélène SAMB ;

À Madame Ursule Ndiaye Daffé ; à tous ceux qui m'ont aidé de près ou de loin.

LISTE DES SIGLES ET ABRÉVIATIONS

ACOTA	: African Crisis Response Initiative
ACP	: Afrique Caraïbe Pacifique
AFD	: Agence française de développement
AFRICOM	: African Command
AGUA	: African Growth and Opportunity Act
AMF	: Accord Multi-Fibre
APD	: Aide publique au développement
APE	: Accords de partenariat économique
APEX-CI	: Association pour la promotion des Exportations de Côte d'Ivoire
ASS	: Afrique subsaharienne
AWEP	: African Women's Entrepreneurship Program
BAD	: Banque africaine de développement
BCEAO	: Banque centrale des États de l'Afrique de l'Ouest
BIT	: Bilateral Investment Treaty
BUILD ACT	: Better Utilization of Investments Leading to Development Act of 2018
CEDS	: Centre d'Études diplomatiques et stratégiques
CESAG	: Centre africain d'Études supérieures en Gestion
CEPICI	: Centre de Promotion des Investissements de Côte d'Ivoire
CGECI	: Confédération générale des Entreprises de Côte d'Ivoire

CI	: Côte d'Ivoire
CIRES	: Centre ivoirien de Recherches économiques et sociales
CMS	: Constant Market Share
CODESRIA	: Conseil pour le Développement de la Recherche en Sciences sociales en Afrique
DSP	: Document de Stratégie Pays
DTE	: Détérioration des Termes de l'échange
F.CFA	: Franc des Communautés financières d'Afrique
FMI	: Fonds monétaire international
IDE	: Investissements directs étrangers
ISF	: Institut supérieur de Finance
IRC	: Information Resource Center
OCDE	: Organisation de Coopération et de Développement économiques
OMC	: Organisation mondiale du commerce
PA	: Power Africa
PED	: Pays en développement
PD	: Pays développés
PIB	: Produit intérieur brut
PMA	: Pays moins avancés
RECAMP	: Renforcement des Capacités africaines de Maintien de la Paix
RPPP	: Revue de la Performance du Portefeuille Pays
SGP	: Système généralisé des préférences
TIC	: Technologie de l'Information et de la Communication
TSA	: Tout sauf les armes
UCAD	: Université Cheikh Anta Diop de Dakar
UE	: Union européenne
UEMOA	: Union économique et monétaire ouest-africaine
UMOA	: Union monétaire ouest-africaine

USA	: United States of America
WARC	: West African Research Center
ZLE	: Zone de Libre Échange

LISTE DES TABLEAUX

LISTE DES FIGURES

RÉSUMÉ

La présente recherche a un objectif fondamental de recherche. L'objectif de cette recherche se décompose en objectif général et en objectifs spécifiques. L'objectif général de cette recherche est d'analyser l'impact des Programmes de coopération économique des États-Unis sur le développement économique de la Côte d'Ivoire afin de faire des recommandations et proposer des perspectives. De solution pour renforcer la promotion de la coopération économique de la Côte d'Ivoire avec les États-Unis. De manière spécifique, cette recherche s'est attelée à : évaluer l'effet des programmes de commerce américain (Bilateral Investment Treaty (BIT) ; Better Utilization of Investissment Leading to Developement Act of 2018 (Build Act); AfricanWomen's Entrepreneurship Program [AWEP], Power Africa [PA], et l'African Growth and Opportunity Act [AGOA] sur les exportations de la Côte d'Ivoire vers les États-Unis afin de permettre à la Côte d'Ivoire de tirer le maximum profit de ces programmes de commerce américain ; et à évaluer l'effet des présences compétitives des États-Unis, de la Chine et de l'UE pour le développement économique de la Côte d'Ivoire.

Les accords commerciaux unilatéraux ont fait l'objet de débat autour de l'atteinte de leurs objectifs. Quelques années après leurs mises en œuvre en 2000, les programmes de commerce américain dont l'AGOA ont suscité un intérêt particulier dans les études d'impact [Nouve, 2003]. À partir de la revue de littérature, il ressort que plusieurs auteurs soutiennent la mise en place d'accords préférentiels tandis que d'autres estiment que les gains attendus de l'AGOA sont illusoires. Un test de cohérence interne a montré que les outils utilisés pour caractériser les différents programmes de commerce sont fiables. Les résultats ont montré via l'étude qualitative du cas de la Côte d'Ivoire a permis d'analyser l'impact des Programmes de coopération économique des États-Unis sur le développement économique de la Côte d'Ivoire. Depuis l'introduction du cadre commercial en 2000, les statistiques indiquent une diminution du volume des échanges commerciaux, ce qui a entraîné un déficit de la balance commerciale américaine et a affecté l'intégration de la Côte d'Ivoire dans l'économie mondiale [H.R. Res. 434, 2000, Williams, 2015, Recensement américain, 2017]. L'importance de cette étude était de démontrer une méconnaissance ou une faible connaissance des programmes de commerce américains et de leurs fonctionnements, ce qui explique les faibles avantages tirés de ces opportunités de commerce pour les exportations ivoiriennes. Des recommandations et des perspectives de solutions ont été faites pour renforcer davantage la promotion de la coopération économique de la Côte d'Ivoire avec les États-Unis.

Mots clés : Coopération, Programmes de Commerce, AGOA, Développement.

ABSTRACT

The present research has a fundamental research objective. The objective of this research breaks down into general objective and specific objectives. The general objective of this research is to analyze the impact of the Economic Cooperation Programs of the United States on the economic development of Côte d'Ivoire in order to make recommendations and propose solution perspectives to strengthen the promotion of the economic cooperation of Côte d'Ivoire with the United States. Specifically, this research focused on: evaluating the effect of American trade programs (Bilateral Investment Treaty (BIT); Better Utilization of Investment Leading to Developement Act of 2018 (Build Act); AfricanWomen's Entrepreneurship Program (AWEP), Power Africa (PA), and the African Growth and Opportunity

Act (AGOA) on exports from Côte d'Ivoire to the United States in order to allow Côte d'Ivoire to derive maximum benefit from these trade programs Americans; and to assess the effect of the competitive presences of the United States, China and the EU for the economic development of Côte d'Ivoire.

Unilateral trade agreements have been the subject of debate around the achievement of their objectives. A few years after their implementation in 2000, American trade programs including AGOA aroused particular interest in impact studies (Nouve 2003). From the literature review, it emerges that several authors support the establishment of preferential agreements while others believe that the expected gains from AGOA are illusory. An internal consistency test has shown that the tools used to characterize the different trade programs are reliable. The results showed via the qualitative study of the case of Côte d'Ivoire allowed to analyze the impact of the United States Economic Cooperation Programs on the economic development of Côte d'Ivoire. Since the introduction of the trade framework in 2000, statistics indicate a decrease in the volume of trade, which has led to a deficit in the US trade balance and has affected Côte d'Ivoire's integration into the world economy (HR Res. 434 2000, Williams 2015, US Census 2017). The importance of this study was to demonstrate ignorance or a weak knowledge of the American trade programs and their functioning, which explains the weak advantages drawn from these trade opportunities for Ivorian exports. Recommendations and prospects for solutions were made to further strengthen the promotion of economic cooperation between Côte d'Ivoire and the United States.

Keywords: Cooperation, Trade Programs, AGOA, Development.

SOMMAIRE

INTRODUCTION

Le pacte de Briand Kellog ou pacte de Paris signé **le 27 août 1928** marque un tournant important dans la vie des relations entre les Nations. À l'initiative de Frank Kellog[1] et du ministre français des Affaires étrangères, plus de soixante pays dont les plus influents à l'époque décidèrent de ne plus faire appel à la force et de privilégier le dialogue dans le règlement de leurs différends. Ce fut un tournant important dans les relations internationales et la définition des politiques étrangères des États et surtout celle des États-Unis qui se distinguait alors par un isolationnisme presque intégral (Goodenow 2018).

D'après **Janice Stein et James Roseneau (1971)**, la politique étrangère peut être définie comme l'ensemble des principes, orientations, programmes, ententes, institutions, et actions qui caractérisent les relations d'un État avec les autres États. Les relations internationales sont principalement dominées par deux courants de pensée : le réalisme et l'idéalisme.

Pour le réalisme, la politique étrangère est circonscrite aux relations diplomatiques, stratégiques, économiques et technologiques, et vise essentiellement à préserver ou à maximiser la puissance militaire et politique d'un État.

Par opposition au réalisme, l'idéalisme promeut une diplomatie pacifique et multilatérale basée sur le droit international et les relations internationales.

---

[1] Secrétaire d'État américain.

La politique étrangère des États-Unis a été pendant longtemps inspirée par la doctrine Monroe de 1823 qui prônait la fin de la colonisation européenne et la non-ingérence de ceux-ci dans les affaires dites américaines. Depuis lors, la politique étrangère des États-Unis reste marquée par le réalisme prôné par Machiavel, Hobbes et Hans Morghentau, même si les États-Unis interviennent quelquefois pour l'éthique et la morale en lieu et place des intérêts uniquement économiques et commerciaux.

Le continent africain, surtout dans sa partie au sud du Sahara représente moins de 10 % du commerce mondial et ne présente pas d'intérêt majeur pour les États-Unis. Pourtant, l'on peut noter une forte présence diplomatique dans cinquante pays africains selon Jeffrey Hawkins (2019), ce manque d'enthousiasme et ce désintérêt sont dus au réalisme qui a prévalu dans la définition de la politique extérieure des États-Unis et à l'incapacité du continent africain de jouer un rôle majeur sur le plan économique, ou militaire dans les affaires qui intéressent les États-Unis. **Sur le plan militaire,** les États-Unis entretiennent néanmoins des relations de coopération avec les pays africains qui sont éligibles dans le programme IMET (International Military Education and Training) qui est un programme conçu pour aider certaines armées africaines à se former pour mieux faire face aux menaces du continent, **l'AFRICOM (African Command)** créé en 2007 par le Président Bush. Des pays comme le Sénégal, le Ghana, le Nigéria, le Kenya bénéficient toujours de ces formations.

Dans leur approche globale qui est d'aider les Africains à intervenir eux-mêmes pour régler les conflits qui se déroulent en Afrique, les États-Unis ont développé d'autres programmes et initiatives. Le programme RECAMP (Renforcement des Capacités africaines de Maintien de la Paix) et l'initiative ACOTA (African Crisis Response Initiative) qui sont des initiatives de l'armée américaine visant à améliorer les capacités africaines de réponse aux crises, sont à mettre dans ce cadre.

Sur le plan économique, les incertitudes au Proche et Moyen-orient ainsi que les conflits en Irak ont fini de convaincre les États-Unis de la nécessité de diversifier leur approvisionnement en énergie. C'est pourquoi, dans leur stratégie de Sécurité nationale, ils avaient envisagé d'importer de l'Afrique et principalement du Golfe de Guinée plus de 25 % de leur besoin en pétrole et gaz vers l'horizon 2025.

Selon NSHISSO (2017), « Les États-Unis n'ont pas des accords d'échanges commerciaux (tel que définie par l'Organisation du Commerce international) avec les pays de la région Sub-Saharienne tels que la Côte d'Ivoire. Par contre, le gouvernement américain a **des programmes de commerces** qui associent sa politique étrangère, ses intérêts sécuritaires, sa recherche des débouchés économiques et sa poursuite d'instauration de la démocratie dans des pays ou groupe des pays africains ».

Ces programmes sont : l'**AfricanWomen's Entrepreneurship Program-(AWEP), Power Africa (PA), Bilateral Investment Treaty (BIT)** traduit en français par **Traité bilatéral d'Investissement, Better Utilization of Investments Leading to Development Act of 2018 (Build Act)**, en français « Loi de 2018 sur la meilleure utilisation des investissements » menant au développement et **l'African Growth and Opportunity Act** mieux connu sous son abréviation **« AGOA »** et se traduit en français par **« la loi sur l'opportunité de la croissance de l'Afrique »**. Ce programme est devenu la pierre angulaire des relations commerciales entre les États-Unis et l'Afrique Sub-Saharienne. L'AGOA représente l'engagement des États-Unis envers l'Afrique Sub-Saharienne.

D'après M'Cormack-Hale et Kaba (2015), l'administration Obama en collaboration avec les organisations régionales telles que la Communauté économique des États de l'Afrique de l'Ouest (CEDEAO) aussi bien que l'Union africaine (UA) a contribué à résoudre la crise postélectorale de 2011 en Côte d'Ivoire en perspective d'accroître la paix et la sécurité dans la région. D'après **la Banque africaine de développement (BAD) (2018),** les efforts conjugués du Gouvernement ivoirien et de la communauté internationale ont permis de pacifier le pays et de le remettre sur une bonne trajectoire. La situation politique et sécuritaire reste stable, malgré les tentatives de reconfiguration du cadre politique et de positionnement des acteurs, au gré d'alliances et de rapports de force. La signature d'une ordonnance présidentielle le 06 août 2018 portant amnistie de détenus poursuivis pour des crimes en lien avec la crise post-électorale de 2010-2011 et des infractions contre la sûreté de l'État commises après le 21 mai 2011 est un signe positif dans le processus de normalisation. La conduite d'élections présidentielles apaisées en 2020 constitue le défi majeur pour une stabilité durable.

Ce travail de recherche est structuré en trois grandes parties précédées par une introduction. La première partie porte sur le cadre théorique et l'approche méthodologique. La deuxième partie quant à elle traite des cadres institutionnel et analytique. La troisième partie est relative aux recommandations pour la promotion de la coopération entre les États-Unis et des perspectives de solutions de la coopération entre la Côte d'Ivoire et les États-Unis avant de dégager une conclusion qui ouvrira sur les perspectives de la recherche.

PREMIÈRE PARTIE

CADRE THÉORIQUE ET APPROCHE MÉTHODOLOGIQUE

Chapitre 1 : Cadre théorique

On ne dira jamais assez qu'une étude ne vaut que par la valeur de sa démarche méthodologique. Il convient alors d'accorder une attention particulière à cette partie du travail. À l'instar de la nature de notre recherche, la méthodologie utilisée obéit à l'objectif général de la recherche qui est empirique et appliquée. C'est pourquoi compte tenu des objectifs de recherche et des objectifs d'intervention, nous avons utilisé à la fois la démarche qualitative et celle quantitative.

Pour ce faire, la phase cruciale du travail de recherche veillera à partir de la théorie, à ce que l'opérationnalisation ne soit pas objet d'erreurs graves et compromettantes pour la viabilité et la fiabilité de la recherche. C'est pourquoi l'exploration cumulative des approches quantitative et qualitative suit une logique de recherche explicative.

1.1 Revue de littérature

Un accord commercial préférentiel unilatéral est une convention entre un pays donateur et un pays bénéficiaire permettant à celui-ci de profiter de certains avantages commerciaux notamment l'accès de ses produits au marché du donateur. Le bénéficiaire n'est pas contraint de faire en retour des concessions. L'Afrique Sub-Saharienne (ASS) a fait l'expérience de tels accords dans le cadre de ses relations avec plusieurs pays de la quadrilatérale. Il reste que les théoriciens des échanges internationaux encouragent les pays à y participer. L'analyse théorique de ces échanges continue d'être rythmée par les défenseurs et les critiques du modèle libre-échangiste.

1.1.1 Expérience des accords préférentiels unilatéraux

Le succès de l'AGOA dans la promotion de la croissance des exportations en ASS dépend des gains attendus par les pays et de la capacité des structures économiques nationales à transmettre ces gains aux producteurs. Dans la littérature, plusieurs études économétriques et analytiques l'apprécient non seulement par la grandeur des marges préférentielles, la part du commerce engendré par le programme, le nombre de pays éligibles, mais aussi par la sensibilité des consommateurs américains et de producteurs d'ASS (CNUCED 2003).

De façon générale, Pharys J. Harvey (1998) et Alisa Dicaprio (2004) ont étudié l'impact des accords préférentiels tels que le Système généralisé de préférences (SGP). La littérature sur l'impact des préférences commerciales unilatérales en général et de l'AGOA en particulier laisse entrevoir des pôles de débat.

1.1.1.1 Débat autour de l'atteinte des objectifs de l'AGOA

Les accords commerciaux unilatéraux ont fait l'objet de débat autour de l'atteinte de leurs objectifs. Quelques années après sa mise en œuvre en 2000, l'AGOA a suscité un intérêt particulier dans les études d'impact (Nouve 2003). Dans la littérature, plusieurs auteurs soutiennent la mise en place d'accords préférentiels tandis que d'autres estiment que les gains attendus de l'AGOA sont illusoires.

1.1.1.1.1 Littérature soutenant l'apport des préférences commerciales unilatérales

Les années 2002 et 2003 ont connu une floraison d'études présentant une vision positive des préférences commerciales. En effet, Nielson (2002) évalue l'impact du SGP européen sur les exportations des Pays en développement (PED) en utilisant un modèle gravitaire pour la période 1973-1992. Les résultats montrent que les variables fictives pour le SGP et l'Accord de Lomé sont tous deux significatifs. Ainsi des estimations de Nielson (2002), il ressort que sur la même période, le SGP a permis aux PED d'augmenter leurs exportations vers les pays de l'OCDE de 34 à 59 % contre 45 à 69 % pour l'Accord de Lomé.

Suivant les brisées de Nielson (2002), Rose (2002) estime l'effet d'accords commerciaux multilatéraux sur le commerce international pour 178 pays sur une période plus large (1948-1999). Après l'usage de variables instrumentales et la résolution des problèmes de manque de certaines données, Nielson (2002) et Rose (2002) détectent les effets significatifs et substantiels des SGP, des variables traditionnelles de gravité sur les volumes des échanges qui doublent pratiquement mais des effets non significatifs pour le GATT[2]/OMC[3]. En plus de la robustesse des résultats, Rose (2002) conclut que même si les systèmes

[2] General Agreement on Tariffs and Trade : L'accord général sur les tarifs douaniers et le commerce signé en 1947 a pour objectif le développement du libre échange. Cet accord repose sur quatre principes fondamentaux : la non-discrimination; tout État signataire est lié par la clause de la nation la plus favorisée : Tout avantage consenti par un membre du GATT à un autre est étendu à tous les autres; la règle de réciprocité : un pays réduit ses barrières si ses partenaires réduisent les leurs; la règle de l'égalité de traitement ou traitement national : il est interdit d'opérer une discrimination entre producteurs étrangers et producteurs nationaux., l'abandon progressif des droits de douane, l'abolition des restrictions quantitatives.et l'interdiction du dumping et des subventions à l'exportation. Quelques exceptions sont

multilatéraux n'entraînent pas forcément une augmentation des échanges, les accords préférentiels tels les SGP les stimulent.

Avant eux, Haveman & Shatz (2003) indiquaient que le volume des exportations des Pays moins avancés (PMA) pour l'année 2000 augmenterait de 7,6 millions de dollars si l'Union européenne (UE), le Japon et les USA leur ouvraient simultanément leurs marchés en exonération de droits. Environ 90 % de cette augmentation serait absorbée par le marché américain. Ces auteurs réalisent ces prévisions à partir de leurs études sur les importations annuelles des États-Unis, de l'UE et du Japon en provenance des PMA pour la période 1993-2000. L'estimation du modèle de gravité utilisé leur a permis de conclure également qu'une préférence tarifaire de 1 % entraînerait une augmentation moyenne des exportations des PMA vers les États-Unis, l'UE et le Japon de 19,4 %, 8,5 % et 13,1 % respectivement. Mold (2005) soutient ces résultats dans la mesure où ils montrent que le taux d'utilisation du SGP accordé aux 49 PMA par les pays de la quadrilatérale a augmenté de 20 points de pourcentage entre 1994 et 2001 essentiellement dû à une augmentation des importations américaines de pétrole. Par

admises : la création de zones de libre-échange ou d'unions douanières, traitement plus favorable des pays en voie de développement, riposte anti-dumping. Chaque décision est prise lors de sommet appelé « cycle de négociation » ou « round ». Le GATT a connu un certain succès puisqu'en huit cycles de négociation, on est passé de 23 pays en 1947 à 120 pays signataires à la fin de l'année 1994, date à laquelle l'accord « GATT » donne naissance à un organisme : l'OMC (Organisation Mondiale du Commerce)

[3] Organisation Mondiale du Commerce L'Organisation mondiale du commerce (OMC) est la seule organisation internationale qui s'occupe des règles régissant le commerce entre les pays. Au cœur de l'Organisation se trouvent les Accords de l'OMC, négociés et signés par la majeure partie des puissances commerciales du monde et ratifiés par leurs parlements. Le but est d'aider les producteurs de marchandises et de services, les exportateurs et les importateurs à mener leurs activités.

ailleurs, il note que le SGP américain a un taux d'utilisation très élevé et un taux d'utilité faible c'est-à-dire que sa liste sur les produits éligibles est restreinte.

Nouve et Staatz (2003), quatre (4) ans après la promulgation de la loi américaine, se posent la question de savoir comment les exportations agricoles d'ASS ont évolué avec les avantages commerciaux offerts par l'AGOA depuis 2000. En effet, les études qui avaient jusque-là évalué l'initiative AGOA comme Mattoo (2002), n'avait pas traité cette question spécifique. Ainsi ces auteurs comblèrent-ils ce manque en utilisant les techniques de régression sur données de panel pour isoler ceteris paribus les effets de l'AGOA sur les exportations agricoles d'ASS vers les États-Unis. Ils font appel à un modèle de gravité où les variables exogènes sont les variables traditionnelles de gravité (revenu, population, distance) et deux variables dummy (éligibilité, Système de Visa). L'estimation porte d'abord sur les 46 pays d'ASS ensuite sur les 27 plus grands exportateurs agricoles et enfin sur les 8 meilleurs. Le trend croissant des exportations agricoles sur les quatre (4) ans est compatible avec les résultats qui témoignent d'une réponse positive, mais la relation entre la variable « AGOA » et la variable endogène « les exportations agricoles « reste marginale. Cependant, les profits tirés de l'AGOA à travers les exportations agricoles sont perçus comme statistiquement non différents de zéro. Nouve et Staatz (2003) constatent aussi qu'une grande part des variations des exportations agricoles d'ASS vers les États-Unis reste inexpliquée par ce modèle. La faible qualité des estimations est imputable à l'insuffisance des données. Cela peut être aussi dû à l'omission des particularités des différents pays et à d'autres facteurs. Les études économétriques qui ont suivi, ont paré ses limites. Mais ces mêmes problèmes ont été rencontrés par Shapouri et Trueblood (2003). Les auteurs qui, comme eux, ont essayé d'estimer les impacts possibles des concessions unilatérales de tarif à travers un modèle d'équilibre partiel (Kirmani *et al.* 1984 ; Bond 1987 ; Pelzman et Schoepfle 1988) montrent aussi des impacts positifs de telles politiques. Shapouri et Trueblood (2003) estiment l'impact de l'AGOA sur la performance des exportations d'ASS vers les États-Unis en traitant trois questions spécifiques. D'abord, ils montrent que les produits susceptibles d'être admis à l'AGOA n'intégraient pas véritablement la structure des exportations africaines et cela est probablement selon eux une raison justifiant la faible participation des pays d'ASS en 2002. Néanmoins, l'intérêt porté à l'AGOA s'est accru (pays éligibles : 16 en 2001 et 22 en 2002) et l'AGOA a modifié la structure d'exportation de quelques pays et certains ont même triplé leurs exportations en un an. Enfin, les résultats indiquent qu'en moyenne, les réponses aux incitations de l'AGOA étaient positives et de façon inattendue importante même si les bénéfices se sont limités à quelques pays surtout les exportateurs de produits pétroliers et vestimentaires ; ce qui conforte les résultats de Mattoo *et al.* (2002). Shapouri et Trueblood (2003) suggèrent par ailleurs que les pays se spécialisent dans l'exportation de produits transformés, à valeur ajoutée plus élevée.

À ce propos, Nouve (2005) analyse les effets de l'AGOA sur les exportations des 46 pays d'ASS vers les États-Unis en utilisant cette fois-ci un modèle de gravité du commerce augmenté, inspiré de Anderson & Van Wincoop (2003). Portant sur la période 1996-2004, cette étude aborde les problèmes de données de panel et de régresseurs endogènes et emploie la méthode des variables instrumentales pour éteindre l'endogénéité provoquée par trois variables à savoir les exportations totales, les exportations AGOA et les exportations de textile. Il régresse la première variable sur les deux autres, les variables traditionnelles du modèle, le taux de change, la langue, l'enclavement et des variables institutionnelles. La robustesse du modèle couplé à la significative de la plupart des coefficients a permis à Nouve (2005) de conclure que l'AGOA a un effet fortement positif sur les exportations d'ASS vers les États-Unis depuis sa mise en œuvre. Cependant, l'élasticité de substitution constante doit être inférieure à l'unité c'est-à-dire que les produits exportés doivent être peu substituables sur le marché américain. Lorsque cette élasticité est supérieure à 1, le modèle prédit que l'AGOA a un effet négatif sur les exportations. Ainsi, Nouve (2005) note que les efforts de diversification des exportations en ASS seront donc salutaires. Par ailleurs, les exportations de textile dans le cadre de l'AGOA ont un effet négatif sur les exportations d'ASS. L'auteur conclut alors que l'AGOA a dynamisé le secteur des textiles et vêtements qui est d'ailleurs porteur pour les pays d'ASS presque tous producteurs de coton. Enfin, les résultats montrent que ces exportations sont intensives en capital. Cela contredit ces résultats obtenus avec Staatz en 2003. Fouda (2007) utilise un modèle Constant Market Share (CMS) pour évaluer la contribution de l'AGOA à l'augmentation des exportations des pays éligibles. Il égalise la variation des exportations de ces pays entre 2001 et 2004 à la variation de la demande américaine d'importation, de la composition des biens exportés et de l'effet de la compétitivité.

Cette étude montre que l'AGOA est responsable de seulement 16,07 % de l'augmentation des exportations des 66,9 % entre 2001 et 2004. Mais pendant qu'elle était de 59,1 % pour l'Afrique de l'Est, la part de l'AGOA dans l'accroissement des exportations n'était que de 19,88 % en Afrique de l'Ouest.

Au niveau sectoriel, la mise en place de l'AGOA en Afrique de l'Ouest a généré 62,48 % de l'augmentation des exportations des produits agricoles, 82,99 % de celle des boissons et du tabac, 55,01 % de celle des produits chimiques et huiles essentielles mais aussi 63,22 % de l'augmentation des exportations des produits manufacturés divers. Cependant, l'effet de l'AGOA sur le secteur des carburants et lubrifiants est limité en Afrique de l'Ouest soit de 21,19 % alors que cette région s'affiche comme la grande exportatrice d'ASS vers les États-Unis à cause du Nigéria qui est le 1er producteur africain de pétrole. En effet, le secteur pétrolier occupe plus de 90 % des exportations de cette région. Si en Afrique de l'Ouest, les avantages issus de l'AGOA ont surtout été captés par les secteurs primaires (les secteurs agricoles), la mise en place de l'AGOA a toutefois permis le développement d'une industrie manufacturière spécialisée dans le secteur des biens manufacturés divers mais celle-ci reste embryonnaire (Fouda 2008).

Cette vision positive n'est cependant pas l'apanage des auteurs qui sont sceptiques sur les capacités des préférences commerciales non réciproques en général et de l'AGOA en particulier à créer des conditions favorables et durables de croissance et de développement économique dans les pays bénéficiaires.

1.1.1.1.2 Opinion défavorable aux préférences commerciales unilatérales

D'ailleurs, l'idée de créer l'AGOA exclusivement pour l'ASS en plus du SGP a provoqué des prises de position au sein des économistes. Pour Blackman & Mutume (1998), Mutume (1998) et Raghavan (2000), les gains possibles de l'AGOA pour la plupart des pays d'ASS sont illusoires et comparables à ceux obtenus dans le cadre des accords Union européenne – Afrique Caraïbe Pacifique (UE-ACP). Cela est dû, pour Nouve (2002), aux subventions agricoles, aux barrières tarifaires et non tarifaires et pour Nouve et Staatz (2003) à la concentration des échanges ASS-États-Unis sur quelques produits et quelques pays. Dans le même ordre d'idée, Fouda (2008) estime que malgré les préférences accordées par les pays de l'UE à ces pays depuis plus de trente ans, leurs exportations sur le marché mondial de manière globale n'ont cessé de décroître. En effet, alors que le continent africain représentait 3,3 % du commerce mondial en 1980, il ne représentait plus que 1,6 % des échanges mondiaux en 2000. Des Organisations Non Gouvernementales (ONGs) réunionnaises se sont d'ailleurs mobilisées lors du 2e forum de l'AGOA qui s'est tenu à l'Île Maurice en janvier 2003 pour dénoncer non seulement la politique américaine mais aussi les conditions dans lesquelles l'AGOA lie les pays bénéficiaires. Les études suivantes soutiennent ces inquiétudes.

Mattoo, Roy et Subramanian (2002) utilisent un modèle simple d'équilibre partiel et montrent que sous les règles d'origine courantes, l'élimination des quotas de l'Accord Multi-Fibre (AMF) diminuera les exportations de vêtements d'Afrique de plus de 30 % du fait de la concurrence subséquente devant l aquelle les pays africains fléchiront sur le marché international. Cependant, si l'AGOA offrait un accès sans restriction, l'impact négatif pourrait être presque complètement compensé.

Fouda (2008) estime l'effet de la mise en place de l'AGOA dans les 37 pays éligibles en 2004, observés sur la période 1970-2004 grâce à un modèle de gravité qui s'est révélé robuste. Identiques à ceux de Nouve (2005), les variables dans ce modèle sont significatives sauf la population et la variable dummy AGOA. Du point de vue analytique, l'AGOA n'a pas eu une influence significative sur les exportations des pays éligibles. Par contre, la variable *Visa* apparaît significative avec un signe négatif. Cela montre la mise en place d'un « système de visas ». C'est un processus établissant que les vêtements et textiles ont été effectivement produits dans un ou plusieurs pays d'ASS selon les règles d'origine exigée. Le pays délivre un *visa* sur la facture originale de l'expéditeur qui peut désormais exporter ses produits aux Éats-Unis sans droits de douane dans le cadre de l'AGOA constitue un frein pour le développement des exportations de ces pays et l'effet de la résistance aux exportations du fait de ce système est estimé à près de 56 % soit un coefficient multiplicateur de 0,44. Cette conclusion corrobore les résultats obtenus par Mattoo *et al.* (2003) pour qui, en l'absence de ces restrictions, les exportations des pays éligibles auraient été multipliées par 5.

Par ailleurs, l'analyse de l'effet de l'AGOA sur les exportations non minières non pétrolières montre que ni la variable *AGOA,* ni la variable *Visa* ne sont significatives. Selon Fouda (2008), la mise en œuvre de l'AGOA n'a pas eu d'impact sur les exportations de l'Afrique de l'Ouest alors que cette région reste la plus grande exportatrice d'Afrique vers les États-Unis.

Ainsi, il ressort que le débat sur l'atteinte des objectifs de l'AGOA ne fait pas l'unanimité. Toutefois, il faut admettre avec l'OCDE (2004) que les petits pays exportateurs auront des difficultés à mettre à profit l'accès préférentiel garanti par ce système.

1.1.2 Analyse théorique des échanges entre les États-Unis et les pays de la CEDEAO

Les premiers théoriciens des échanges internationaux comme Adam Smith (1776) et David Ricardo (1847) estiment que les nations profitent du libre-échange du fait de leur spécialisation dans la production des biens et services pour lesquels ils détiennent un avantage comparatif. Mais, le contexte économique mondial des années 50 a favorisé l'émergence des accords préférentiels d'abord intrarégionaux, puis interrégionaux et enfin intercontinentaux pour corriger des inégalités. Nous avons privilégié l'approche par les exportations, car l'un des succès de l'AGOA tient à sa capacité à favoriser une augmentation des exportations des pays bénéficiaires vers les États-Unis tout en rappelant le rôle de la demande à cause de l'importance de la demande américaine.

1.1.2.1 Fondements théoriques des échanges internationaux

La théorie du libre-échange a été développée en réaction au mercantilisme ; il existait trois courants mercantilistes : a) le bullionisme ou « mercantilisme espagnol « qui préconise l'accumulation de métaux précieux ; b) le colbertisme ou « mercantilisme français « qui est tourné pour sa part vers l'industrialisation ; c) le commercialisme ou « mercantilisme anglais « qui voit dans le commerce extérieur la source de la richesse d'un pays. Henner (1997) qui consacrait d'une réflexion sur le bien-fondé du libre-échange en signifiant que la liberté de commerce accroît le bénéfice de l'Inde. L'échange international ainsi prôné est toujours fondé sur une différence, qui entraîne des différences de coût de production et/ou de prix de vente sur les marchés.

La théorie de l'avantage absolu de Smith (1776) stipule que pour deux biens, un pays a intérêt à développer la production du bien pour lequel il dispose d'une productivité de travail supérieure à celle de son concurrent et à importer le bien pour lequel il a un désavantage absolu de productivité. Ce modèle smithien exclut cependant le pays désavantagé pour les deux biens c'est-à-dire n'explique pas l'échange lorsqu'un pays a un désavantage absolu.

Dans un cadre a-monétaire, Ricardo (1817) prolonge l'analyse smithienne et démontre qu'il suffit que les structures nationales de prix (coûts comparés ou coûts d'opportunité) soient différentes en autarcie pour qu'un échange bénéfique même pour le pays doublement désavantagé puisse prendre place et qu'apparaisse un gain réel de cet échange. Le taux d'échange international doit être compris entre les limites des coûts comparés internes. Ce modèle ricardien ne peut cependant être étendu à plusieurs biens. Alors une généralisation dans une économie monétaire à continuum de biens est proposée. Ce modèle ricardien monétarisé à continuum de biens permet de déterminer d'emblée les produits exportés par chacun des deux pays, compte tenu des productivités comparées par branche, des taux de salaire relatifs et du taux de change. Si toutes ces théories originelles déterminant le gain de l'échange sont fondées exclusivement sur les caractéristiques de l'offre, la théorie de la demande réciproque de John Stuart Mill montre que le partage du gain est fondé sur les conditions de demande. Ainsi, un pays avantagé peut-il gagner moins à l'échange que son partenaire lorsque sa demande est peu élastique par rapport au revenu et que son offre comporte pour l'essentiel des produits régressifs.

Les principaux penseurs de cette théorie étaient Jean Bodin (1530-1596), Antoine de Montchrestien (1576-1621), William Petty (1623-1687). Sous l'inspiration de la théorie de Ricardo, le théorème de Heckscher-Ohlin (HO)[4]. Ce théorème montre que

[4] Le théorème HO 1933 a connu une amélioration à travers le lemme de Stolper-Samuelson 1941 pour devenir le théorème HOS. Le théorème HOS montre que l'accroissement du prix relatif du bien pour lequel le pays a un avantage comparatif augmente la rémunération du facteur de production qui est utilisé intensivement dans la production. La convergence dans les prix relatifs conduit aussi à une convergence dans les rémunérations des facteurs de production Égalisation du coût des facteurs. Il existe également une autre extension du théorème HO dans une situation de techniques de production identiques et d'égalisation des revenus factoriels à travers le théorème HOV Heckscher Ohlin-Vanek.

le pays abondant dans un facteur exporte le service de ce facteur (ce qui est différent d'une exportation de biens intensifs dans ce facteur), a montré que sous les hypothèses de technologie similaire entre pays, d'intensité factorielle différente entre biens et d'absence de mobilité internationale des facteurs de production, les pays engagés dans l'échange international exporteront les biens dont la production utilise de manière relativement intensive les facteurs dont le pays est relativement bien doté.

Dès 1923, Graham envisageait l'influence des économies d'échelle sur le commerce. Il fonde son analyse sur des hypothèses fortes d'évolution des coûts de production, ce qui lui permet de distinguer l'avantage statique de l'avantage dynamique dont peut bénéficier un pays. Il a montré que toutes les spécialisations ne s'équivalent pas à long terme, certaines sont propices à l'apparition de rendements croissants et donc de coûts décroissants liés notamment aux économies d'échelle des firmes et à la taille de leur marché, d'autres pourraient générer des coûts croissants liés à la spécialisation dans les produits non porteurs. On distingue deux approches de cette théorie. La première se fonde sur les modèles de la concurrence oligopolistique des marchés, principalement ceux de Cournot adaptés par les travaux de Brander et Krugman et selon laquelle les échanges internationaux sont la conséquence des comportements stratégiques des firmes qui créent un effet pro compétitif du commerce. La seconde s'appuie sur les deux grands modèles de la concurrence monopolistique des marchés de Hotelling et de Chamberlin adaptés par les travaux de Krugman, Lancaster et Helpman. Pour ces auteurs, les échanges internationaux sont la conséquence du goût pour la diversité des consommateurs qui engendre une demande pour les variétés étrangères et des rendements d'échelle croissants pour les producteurs et favorise -en plus, l'effet d'attractivité des marchés. Cette théorie est fondamentale dans cette recherche d'impact dans la mesure où les préférences des États-Unis pour certains biens de la CEDEAO sont très dominantes (produits pétroliers et carburants).

De ce qui précède, il ressort globalement que la détention d'un avantage en termes de ressources naturelles, de connaissance, de technologie ou d'espace est un critère déterminant dans les relations internationales. Les théories du commerce international montrent que les pays africains en général et de la CEDEAO en particulier gagnent en échangeant avec les États-Unis dans la mesure où ils disposent déjà de potentialités énormes à l'origine d'avantages comparatifs. En effet, tout comme les autres accords commerciaux unilatéraux, l'éligibilité à l'AGOA leur permet d'attirer de nouveaux investissements et d'accroître leurs exportations avec l'acquisition de nouveaux débouchés.

1.1.2.2 Impact théorique d'accord préférentiel non réciproque sur les échanges

L'impact d'un accord unilatéral sur les échanges est d'abord analysé à travers le concept de création et de détournement de commerce dans le cadre d'un accord commercial préférentiel.

1.1.2.2.1. Effet d'une préférence commerciale : création et détournement de commerce

Viner (1950) considère trois pays (un pays domestique U et un pays partenaire A, signataires d'un accord commercial préférentiel de type union douanière accordé par U et enfin le reste du monde C). D'après De Melo & Grether (1997), il se place dans le cadre d'un équilibre général en concurrence parfaite et suppose des coûts de production constants. Les accords commerciaux préférentiels non réciproques se traduisent par un abaissement des barrières commerciales (droits de douane et barrières non tarifaires) sur les exportations d'un bien *z* du pays bénéficiaire.

Viner (1950) stipule alors qu'il y aura *création de commerce* c'est-à-dire augmentation des importations du pays domestique U associée à la substitution de la production nationale moins efficiente par des importations en provenance du pays partenaire A moins coûteuses (en termes de coût relatif). Dans ce cas, le partenaire A peut accroître ses exportations.

De plus, il y aura *détournement de commerce* correspondant au simple remplacement des exportations des producteurs plus efficients du reste du monde C par les exportations des producteurs moins efficients du pays partenaire A. Ce modèle « vinérien » (1950) a été élargi par Meade (1955), Lipsey (1957, 1960) et Gehrels (1956) aux « effets de consommation » consécutifs à la formation d'une union douanière ou d'une zone de libre-échange (ZLE) et par Vanek (1962) puis développé par Kemp (1969) et plus récemment par Bhagwati et Panagariya (1996) en présence de coûts de production croissants pour l'un des pays de l'union. Ce dernier a été étendu en considérant les coûts de production croissants pour l'offre de produits originaires de (w) et (d) est supposée parfaitement élastique. On suppose également que toutes les productions réalisées sont à coûts constants.

La modification du traitement tarifaire (suppression des droits de douane) intervenue pour les produits originaires du pays bénéficiaire de l'accord préférentiel non réciproque (b) améliore leurs conditions d'offre. Alors, la baisse de prix subséquente va entraîner une augmentation de la demande des produits de (b) sur le marché de pays donateur (d). De plus, cette diminution des prix des biens importés de (b) a tendance à réduire la demande des biens similaires en provenance du marché domestique (d) (création de commerce) et des autres marchés (w) (détournement de commerce). Cette diminution relative de la demande des biens similaires de (w) et de (d) est fonction de la valeur des élasticités de substitution entre les différents biens. La substitution des biens en provenance de (w) et (d) par les biens originaires de (b) sera d'autant plus élevée que l'élasticité de substitution entre les biens (oij) est élevée. Le changement des équilibres des quantités demandées des produits de (w) et de (d) ne modifie pas les équilibres des prix sur ces marchés à cause de l'hypothèse principale de séparation des marchés.

Somme toute, les effets de l'accord préférentiel unilatéral se traduisent par l'augmentation des importations dans le pays donateur à travers la création et le détournement de commerce. Cette variation des importations correspond à un accroissement des exportations du pays bénéficiaire.

1.1.2.2.2 Impact d'un accord préférentiel non réciproque sur le pays bénéficiaire

L'analyse de l'impact d'un accord préférentiel non réciproque sur le pays bénéficiaire est relativement aisée en équilibre partiel dans un cadre de statique comparative. Un tel accord n'a aucun effet sur les revenus douaniers du pays bénéficiaire.

Cependant, compte tenu du fait que d'une part, les biens originaires du pays bénéficiaire sont imparfaitement substituables et du fait de la séparation des marchés, l'augmentation de l'offre du pays bénéficiaire sur le marché du pays donateur entraîne la baisse de ses seuls produits ce qui empêche d'autre part, tout transfert de l'équivalent des droits de douane supprimés du pays donateur vers les producteurs du pays bénéficiaire. L'effet net sur le surplus du producteur dépend de la quantité de biens offerts. En effet, le gain n'est réalisé pour le producteur du pays bénéficiaire que si l'augmentation de la quantité offerte est suffisante de telle manière qu'elle puisse compenser la baisse de prix observée dans le pays donateur. Après la mise en vigueur du SGP européen en 1971 et celui des États-Unis en 1976, plusieurs accords commerciaux unilatéraux ont au fil du temps été signés en faveur des PED. Dans la pratique, le bilan de leur exécution reste insuffisant quoique certains auteurs justifient un apport indéniable sur le dynamisme des exportations de certains PED comme ceux d'ASS. Si au plan théorique l'accord préférentiel non réciproque peut générer un accroissement de l'offre de produits du pays bénéficiaire sur le marché du pays donateur, une analyse empirique s'avère nécessaire pour confirmer ou infirmer cette hypothèse en Côte d'Ivoire dans le cadre de l'AGOA.

1.2 Problématique

Première économie de l'Union économique et monétaire ouest-africaine (Rapport UEMOA 2015) avec 36 % de son Produit intérieur brut (PIB) en 2016, la Côte d'Ivoire est sans doute le moteur économique régional. Sa croissance économique a été remarquable, dépassant 9 % annuellement depuis son dernier examen de politique commerciale en 2012, et permettant une nette amélioration du revenu par tête de sa population. Ceci reflète en partie le rattrapage de tous les projets mis en veille durant la décennie de tensions et conflits sociopolitiques (2002-2011).

Dans la période 2010-2016, le taux d'inflation a été en Côte d'Ivoire d'environ 1,8 % par an (bien en dessous du seuil maximum de 3 % fixé au niveau communautaire), grâce aux politiques monétaires et de change prudent de la Banque centrale des États de l'Afrique de l'Ouest (BCEAO).

Cependant, les déficits du compte courant extérieur sont devenus plus fréquents au cours de la période ci-dessus, du fait notamment de la forte hausse des importations de marchandises liée aux investissements en infrastructures. Mais la hausse des importations n'a toutefois pas émoussé le surplus structurel de la balance commerciale. Le déficit structurel du compte des services, revenus, et transferts courants a eu tendance à se creuser depuis 2009.

Selon le Document de Stratégie Pays (DSP) 2018-2022 de la Banque africaine du développement (BAD) pour la Côte d'Ivoire et la Revue de la Performance du Portefeuille Pays (**RPPP) 2018,** malgré un environnement mondial peu favorable, l'économie ivoirienne continue d'enregistrer une forte croissance avec un sentier de 8 % à 10 % depuis 2012, dans un contexte marqué par une contraction des cours mondiaux des produits agricoles. La croissance est soutenue par une demande intérieure d'investissements publics et privés, ainsi que par la robustesse de la consommation et par une demande extérieure de produits agricoles d'exportation dont les principaux sont le café et le cacao dont les statistiques de ladite filière sont contenues dans le tableau 1 décrivant l'évolution de la production du café et du cacao en tonnes selon les données du Conseil du Café-Cacao de 2017 (voir Annexes).

Les différents programmes de durabilité, la lutte contre la contrebande et la fixation de prix garantis bord-champs ont eu une incidence positive sur l'évolution de la production de cacao et de café de 2012 à 2015. La production de cacao a connu, au terme des deux premières campagnes de commercialisation de la réforme, une forte croissance de 23,94 %, passant de 1 448 992 tonnes, sur la campagne 2012-2013, à 1 795 852 tonnes en 2014-2015.

Par contre, au cours de la campagne 2015-2016 marquée par une longue période de sécheresse et un harmattan rude de novembre 2015 à mars 2016, la production de cacao connaîtra un retournement à la baisse à la fin de la campagne. Celle-ci s'établit à 1 580 611 tonnes au 30 septembre 2016, soit une baisse de 12 % par rapport à la campagne précédente.

Au démarrage de la campagne 2016-2017, le retour à des conditions climatiques plus favorables a entraîné un pic de production sur la campagne. En effet, la production de cacao a atteint 1 848 233 tonnes au 30 juin 2017, soit une hausse de 17 % par rapport au volume enregistré au cours de la campagne précédente (Cf. Annexe 1 tableau de l'évolution de la production du café et du cacao en tonnes).

En ce qui concerne le café, le vieillissement du verger, l'abandon de certaines plantations, la rareté de la main-d'œuvre agricole et l'évolution défavorable du climat ont entraîné une réduction du potentiel de production du café de la Côte d'Ivoire. Ce dernier est passé d'une production moyenne de 300 000 tonnes à 83 000 tonnes à la fin des années 2000.

Au début de la décennie 2010, la production moyenne annuelle enregistrée oscille autour de 100 000 tonnes. Toutefois, il est observé une baisse de la production de 77 601 tonnes, passant de 105 601 tonnes en 2015-2016 à 28 000 tonnes au 30 juin 2017. Cette baisse drastique de la production est causée par la rudesse de l'harmattan de novembre 2016 à février 2017.

Le tableau en annexe 2 portant sur la répartition des exportations de cacao par destination en tonnes et l'annexe 3 traitant de la répartition des exportations de cacao par destination en tonnes consignées en Annexes nous renseignent sur les exportations respectives du cacao et du café vers l'extérieur suivant les lieux de destination.

Les exportations de cacao sont passées de 1 521 524 tonnes, en 2012-2013, à 1579 907 tonnes en 2015-2016 avec un pic de 1 789 522 tonnes enregistré en 2014-2015 en lien avec la production. Au 30 juin 2017, les exportations de cacao de la campagne 2016-2017 s'élèvent à 1 677 616 tonnes, soit une hausse de 6 % par rapport à la campagne 2015-2016. Les embarquements réalisés à partir des ports d'Abidjan et de San-Pedro en 2016-2017 représentent respectivement 49 % et 51 % des volumes exportés. Les exportations sont constituées à 75 % de fèves brutes et 25 % de produits transformés.

Les principales destinations des exportations du cacao ivoirien sont l'Union européenne (UE) et l'Amérique du Nord. Au 30 juin 2017, les exportations de cacao à destination de l'Europe représentent 68 % du total exporté. Les volumes réceptionnés par l'Amérique du Nord représentent 24 % des exportations. Le reste (8 %) est réparti entre les pays de l'Asie, de l'Australie et de l'Afrique (cf. Annexe 2 Tableau portant sur la répartition des exportations de cacao par destination en tonnes).

Les exportations de café sont passées de 110 675 tonnes, en 2012-2013, à 85 923 tonnes, au cours de la campagne 2015-2016. Au 30 juin 2017, les exportations de café de la campagne 2016-2017 s'élèvent à 29 105 tonnes. La part de café transformé est constituée essentiellement de café soluble dont le volume est de 6 224 tonnes, soit 21 % des exportations de la campagne 2016-2017.

Les principales destinations des exportations du café sont l'Afrique du Nord et l'Union européenne. Au 30 juin 2017, 21 065 tonnes de café ont été exportées à destination de l'Afrique du Nord, soit 72 % du total des embarquements. L'Union européenne a réceptionné 7 121 tonnes de café, soit 24 % des volumes embarqués. Le reste des exportations (4 %) est destiné à quelques pays de l'Asie et de l'Amérique du Sud (cf. annexe 3 sur la répartition des exportations de cacao par destination en tonnes).

Le cadre macroéconomique est sain et les perspectives économiques à moyen terme restent favorables. Selon le Rapport

Doing Business 2019[5] sur la Côte d'Ivoire pp. 57-58, « on a observé un pic d'activité de réforme dans le monde. Du 2 juin 2017 au 1er mai 2018, 128 économies ont mis en œuvre 314 réformes réglementaires dont la Côte d'Ivoire, record améliorant le climat des affaires. Des réformes ont été mises en œuvre par les économies de toutes les régions. En Côte d'Ivoire, les réformes suivantes sont mises en œuvre depuis 2008 pour faire des affaires. Pour le démarrage d'une entreprise, la Côte d'Ivoire a facilité celui-ci en supprimant l'obligation de légaliser les actes de la société. En outre, en ce qui concerne le traitement des permis de construction : elle a renforcé le contrôle de la qualité de la construction en nommant un architecte indépendant au sein de la commission chargée d'examiner les demandes de permis de construire et a amélioré l'accès aux informations sur le crédit en étendant la couverture du bureau de crédit et en commençant à distribuer les données des sociétés de services publics. Pour le paiement des impôts : la Côte d'Ivoire a facilité ce dernier en introduisant une plateforme en ligne pour le dépôt des déclarations de revenus des sociétés et de la taxe sur la valeur ajoutée.

---

[5] le Doing Business Report pp 57-58. Le projet Doing Business mesure la réglementation des affaires et son application effective dans 190 économies et dans certaines villes au niveau infranational et régional. Lancé en 2002, le projet Doing Business analyse les petites et moyennes entreprises au niveau national et mesure la réglementation s'appliquant à celles-ci tout au long de leur cycle de vie. En collectant et en analysant des données quantitatives détaillées pour comparer les cadres réglementaires applicables aux entreprises du monde entier au fil du temps, Doing Business encourage la concurrence entre les économies pour la mise en place d'une réglementation des affaires efficace. Doing Business propose également des points de comparaison mesurables pour réformer et offre une source documentaire pour les universitaires, les journalistes, chercheurs du secteur privé et d'autres personnes s'intéressant au climat des affaires dans les économies du monde entier.

Pour l'exécution des contrats : la Côte d'Ivoire l'a facilitée en adoptant une loi qui réglemente tous les aspects de la médiation en tant que mécanisme alternatif de règlement des différends et la gestion des permis de construction en Côte d'Ivoire a été facilitée en rationalisant les processus dans son guichet unique ».

Le commerce (exportations et importations) de la Côte d'Ivoire a diminué par rapport au PIB entre 2009 et 2016 (72 % du PIB), reflétant surtout la forte croissance de ce dernier et la chute des exportations de produits pétroliers. Sa balance commerciale est structurellement excédentaire. Entre 2009 et 2015, la part des produits agricoles dans les exportations s'est accrue de 53 % à 65 % ; les principales avancées ont porté sur le cacao et l'anacarde, mais aussi sur les produits agro-industriels, qui comprennent l'huile de palme, des savons et préparations, des produits de beauté, des extraits et essences de café, du tabac, des préparations pour soupe, des sacs et sachets d'emballage, et des produits à base de cacao. Le pétrole brut, les huiles et le bitume dérivés du pétrole constituent le second poste d'exportation, mais leur part a baissé considérablement, reflétant les problèmes de la raffinerie. En 2009, environ 52 % des exportations ivoiriennes étaient expédiées en Europe, mais cette part a fortement baissé. Les exportations vers l'Afrique ont aussi relativement baissé entre 2009 et 2015. Environ 22 % des exportations ivoiriennes sont dirigés vers la CEDEAO en 2015, surtout le Nigéria bien que les exportations vers ce marché aient baissé significativement. Par contre, la part des exportations ivoiriennes vers l'UEMOA a augmenté (passant de 10 % à 13 % du total), reflétant des avancées vers l'intégration (surtout vers le Mali et vers le Burkina Faso). Les exportations vers les pays d'Asie (surtout l'Inde) ont vu leur part doubler de 6 % à 12 %. Les combustibles et produits agricoles comptent toujours pour près de la moitié des importations totales de Côte d'Ivoire même si leur part a quelque peu fléchi, notamment celle des produits agricoles. Du point de vue géographique, les importations en provenance d'Europe se sont accrues, de même celles en provenance d'Asie, reflétant l'augmentation des équipements et matériels d'investissement. Les importations en provenance du Nigéria ont fortement baissé, reflétant la chute des prix du pétrole.

Le pays dispose d'atouts pour maintenir son sentier de croissance actuel et atténuer l'effet des chocs externes sur le cours des matières premières. Pour ce faire, le processus de diversification de l'économie engagé doit être consolidé, à travers le développement de chaînes de valeurs agro-industrielles. Dans cette perspective, et **en vue d'attirer les investissements directs étrangers et nationaux**, le pays doit enclencher la seconde génération de réformes économiques et sectorielles.

La 18e Édition du Forum de Coopération économique et commerciale des États-Unis – Afrique au sud du Sahara (AGOA Forum dénommé «Forum AGOA Côte d'Ivoire 2019 ") qui s'est tenue du 04 au 06 août 2019 à Abidjan sur le Thème : «l'AGOA et l'Avenir : Développement d'un nouveau paradigme pour orienter les relations commerciales et les investissements entre les États-Unis et l'Afrique. » À ce titre, le Gouvernement ivoirien a signé un Arrêté n° 036/pm/cab du 1er février 2019 portant création du comité national d'organisation du forum AGOA Côte d'Ivoire 2019.

Sous le leadership de l'APEX-CI, la Côte d'Ivoire a obtenu son éligibilité à l'AGOA en avril 2002 et son renouvellement en 2003 et 2004, de même que le visa douanier pour l'exportation des produits textiles sur les États-Unis d'Amérique en octobre 2003.

D'après Konaté (2009), « l'AGOA laisse percevoir un simulacre de bilan significativement positif. En effet, les exportations des pays d'Afrique Subsaharienne vers les États-Unis se sont accrues de 66,9 % entre 2001 et 2004 mais seulement 16,07 % de cette augmentation était due à la mise en œuvre de l'AGOA (Fouda 2007). Ce bilan est mitigé dans la mesure où les avantages de cette loi américaine pr0ofitent à quelques pays d'Afrique subsaharienne notamment les producteurs de pétrole. Ces observations sont corroborées par Diemond (2008) sur la période 2006-2007 où les importations américaines hors produits pétroliers ont progressé de 7 % seulement alors que ces produits pétroliers occupaient 93 % des importations américaines au titre de l'AGOA. »

Cette faible progression des exportations hors produits pétroliers de ces pays est inattendue eu égard à la multitude d'avantages qu'offre la loi américaine. En effet, l'AGOA permet aux pays éligibles d'exporter aux États-Unis environ 4 650 produits admissibles et 1 700 produits supplémentaires en franchise de droits de douane et sans restriction quantitative, et ce, sans réciprocité (USTR 2000). Les 48 pays d'Afrique subsaharienne et leurs produits sont susceptibles de bénéficier de l'AGOA à condition de remplir certains critères. Mais 39 sont éligibles à l'AGOA depuis 2008 contre 38 en 2002 (Nouve et Staatz 2003). Dans l'espace CEDEAO, ce nombre est passé en Afrique Subsaharienne de 13 en 2004 à 14 en janvier 2009 et 38 pays actuellement (AGOA 2019).

Il s'avère que cette propension des pays d'Afrique subsaharienne en général et des pays d'Afrique de l'Ouest en particulier à ne pas profiter des opportunités commerciales est récurrente. Tout d'abord, le Système généralisé des préférences (SGP) qui a dans un contexte multilatéral amorcé l'ère des préférences commerciales s'est soldé par un bilan insatisfaisant (Mold 2005). Ensuite, les accords préférentiels (Accords de Lomé,

Accords de Cotonou, Initiative « Tout Sauf les Armes » (TSA) qui ont, pendant une trentaine d'années, réduit davantage la protection du marché européen unilatéralement au profit de ces pays, n'ont pas empêché leur marginalisation dans le commerce mondial (Rose 2002).

Il va sans dire que tout comme les autres systèmes préférentiels accordés aux pays d'Afrique de l'Ouest, l'AGOA possède à son actif des résultats mitigés au grand dam de certaines contributions théoriques. En effet, Fouda (2008) montre que l'impact d'un accord préférentiel non réciproque sur les pays bénéficiaires se trouve essentiellement au niveau de l'augmentation de la quantité de biens offerts dans le pays donateur. Donc avec la suppression des droits de douane, les flux d'Investissements Directs Étrangers (IDE) et l'assistance technique, outre les produits pétroliers, l'AGOA devrait théoriquement assurer une croissance significative des exportations de plusieurs produits avec une part importante dans cette augmentation. Cependant, la courte période de mise en oeuvre ne permettait pas de meilleures estimations de l'impact de l'AGOA (Nouve et Staatz 2003 ; UNCTAD 2003). Mais de nos jours, Diemond (2008) montre que seulement cinq (5) pays d'Afrique subsaharienne tirent largement profit de l'AGOA. Ceux-ci représentent 93 % des importations américaines sous l'AGOA. Et, mis à part les produits pétroliers, les exportations d'Afrique subsaharienne vers les États-Unis se sont accrues de 7 % entre 2006 et 2007.

Dans l'espace CEDEAO entre 1999 et 2008, les exportations totales vers les États-Unis ont eu un taux d'accroissement annuel moyen de 25,13 %. De façon particulière, les exportations AGOA de la CEDEAO vers les États-Unis ont réalisé une croissance spectaculaire de 210,54 % entre 2003 et 2008. Cependant, ces exportations restent aussi concentrées dans les produits pétroliers qui représentent 99,99 % de ces exportations AGOA en 2008 contre 99,85 % en 2003. Cela est dû à la présence du Nigéria; premier producteur de pétrole et qui s'accapare 95,67 % des exportations de la communauté en 2008 contre 85,03 % en 1999 (annexe 8). Cependant, tous les pays éligibles de la CEDEAO, outre le Mali et le Niger, ont réduit leurs exportations AGOA dans leurs exportations totales (annexe 8). Ce débat au sujet de l'atteinte des objectifs de l'AGOA en Afrique Subsaharienne en général et dans la CEDEAO en particulier met en exergue de manière plus large la problématique de la relation entre préférence commerciale et croissance économique.

De tout ce qui précède, le problème général qui se dégage est la faiblesse des échanges commerciaux des pays d'ASS dont la Côte d'Ivoire vers les États-Unis d'Amérique malgré la pléthore d'accords commerciaux comme l'AGOA dont ils sont bénéficiaires. Cette situation avait été prédite par Blackman & Mutume (1998), Mutume (1998), et Raghavan (2000), Rose (2002) pour qui les gains possibles de l'AGOA pour la plupart des pays d'ASS sont illusoires et comparables à ceux obtenus dans le cadre des accords Union européenne-Afrique Caraibes Pacifique (UE-ACP). Cette question est d'autant plus actuelle qu'il a été remarqué que la configuration des échanges commerciaux entre Pays en développement (PED) et Pays développés (PD) est de type ricardien : les PD se spécialisent dans la production des biens manufacturés tandis que les pays pauvres se spécialisent globalement dans la production des ressources naturelles (Fouda, 2008) et l'essentiel des exportations d'ASS[6] vers les États-Unis d'Amérique est constitué de produits pétroliers bruts extraits par quelques pays (Afrique du Sud, Nigéria, Kenya, Angola, Gabon,...). La question centrale peut alors se formuler comme suit :

[6] ASS : Afrique Subsaharienne.

Quel est le positionnement stratégique de la Côte d'Ivoire dans ses relations commerciales avec les États-Unis ?

Les économies africaines étant fortement agricoles, quasiment chaque stratégie de développement en Afrique Subsaharienne voire dans la Communauté Économique des États de l'Afrique de l'Ouest (CEDEAO) reconnaît le rôle central de l'agriculture dans la stimulation de la croissance tirée par les exportations (Nouve 2003). Les accords commerciaux tels l'AGOA devraient permettre l'atteinte de cet objectif de croissance. Sous l'AGOA, les exportations se sont certes accrues mais restent largement dominées par les produits pétroliers qui, selon Mold (2005), répondent favorablement à la demande américaine. Si donc à la différence des économies est-asiatiques, la pléthore de préférences commerciales mises en oeuvre au profit des économies mal-en-point depuis les indépendances n'ont jusque là pas substantiellement jugulé la dépendance de l'Afrique subsaharienne des exportations de certaines matières premières et de l'aide extérieure (Fouda 2008), d'énormes questions se posent. Comme l'AGOA a été conçue pour évoluer vers des accords de libre-échange dans les deux sens (Latreille 2003 ; UNCTAD, 2003), les pays de la CEDEAO notamment les non-Pays moins avancés (PMA) (Ghana, Nigéria) risquent de s'enliser dans une impasse telle celle des Accords de Partenariats économiques (APE) où ils seront contraints de signer sous l'AGOA des accords de libre-échange bilatéraux, préjudiciables à leurs économies (Logossah *et al.* 2001). Par ailleurs, l'OCDE à travers une étude en 2004, a confirmé ses observations antérieures sur l'importance de la prise en compte des systèmes concurrents existants. Ainsi, cette étude a-t-elle révélé que l'adhésion a l'un des deux accords préférentiels à savoir l'Initiative Tout Sauf les Armes (TSA) et l'Accord de Cotonou semble avoir un effet négatif sur l'autre. Cela conduit à la prise en compte de l'interférence entre accords commerciaux unilatéraux dans l'analyse de la faiblesse des exportations hors produits pétroliers vers les États-Unis.

Le problème spécifique peut alors se formuler comme étant la quasi-stagnation des exportations de la Côte d'Ivoire rééligible à l'AGOA à nouveau depuis 2011 dans un contexte de systèmes d'accords préférentiels concurrentiels (les accords unilatéraux européens et l'AGOA, la présence de la Chine dans pratiquement tous les pays africains dont la Côte d'Ivoire et plus récemment la Russie avec le Sommet Russie-Afrique des 23 et 24 octobre 2019. Cette possibilité d'interférence conduit à poser deux questions spécifiques :

i. Les programmes de commerce américains ont-ils accru leur contribution à l'augmentation des exportations de la Côte d'Ivoire ?

ii. L'influence de ces programmes de commerce américains sur l'accroissement des exportations de la Côte d'Ivoire n'est-elle pas réduite par l'existence d'accords préférentiels concurrentiels européens, voire chinois, dans un contexte géopolitique et géostratégique fortement marqué ?

1.3 Objectifs de recherche

L'objectif de cette recherche se décompose en objectif général et en objectifs spécifiques.

1.3.1 Objectif général

L'objectif général de cette recherche est d'analyser l'impact des Programmes de coopération économique des États-Unis sur le développement économique de la Côte d'Ivoire afin de faire des recommandations et proposer des perspectives de solution pour renforcer la promotion de la coopération économique de la Côte d'Ivoire avec les États-Unis.

1.3.2 Objectifs spécifiques

De manière spécifique, cette recherche s'est attelée à :

– évaluer l'effet des programmes de commerce américains (Bilateral Investment Treaty (BIT) ; Better Utilization of Investissment Leading to Developement Act of 2018 (Build Act); AfricanWomen's Entrepreneurship Program (AWEP), Power Africa (PA), et l'African Growth and Opportunity Act (AGOA) sur les exportations de la Côte d'Ivoire vers les États-Unis afin de permettre à la Côte d'Ivoire de tirer le maximum profit de ces programmes de commerce américain ;

– évaluer l'effet des présences compétitives des États-Unis, de la Chine et de l'UE pour le développement économique de la Côte d'Ivoire.

1.4 Hypothèses de recherche

Les hypothèses sur lesquelles repose la présente recherche afin de répondre à notre problématique sont les suivantes :

H_1- la mise en œuvre des programmes de commerce américains en Côte d'Ivoire se traduit par une augmentation significative des exportations de la Côte d'Ivoire ;

H_2- l'adoption d'accords préférentiels européens et Chinois par la Côte d'Ivoire exerce une pression compétitive qui influe sur sa capacité à tirer pleinement profit des programmes de commerce américains.

Avec la Détérioration des Termes de l'Échange (DTE) des produits primaires, il convient pour la Côte d'Ivoire de saisir les opportunités de débouchés, de réduction de coûts et de fourniture d'Investissements Directs Etrangers (IDE). En effet, eu égard à la réduction de l'Aide publique au développement (APD), la Côte d'Ivoire est contrainte de s'appuyer sur un financement endogène d'où l'analyse des opportunités offertes par des programmes de commerce américain et autres contributions dans sa stratégie de PMA non alignés.

Chapitre 2 : Approche méthodologique

Ce chapitre met en exergue nos moyens adoptés pour mener à bien ce travail de recherche. Toute démarche scientifique au préalable s'inscrit dans une logique d'ensemble des procédures et des méthodes. En effet, la méthodologie permet d'expliquer les différentes étapes et méthodes ayant permis la réalisation d'une recherche. Pour l'atteinte des objectifs de ce travail de recherche scientifique, la démarche méthodologique est un passage obligatoire.

La nécessité de réunir des informations dans le cadre de la réalisation de cette thèse nous permettra de faire recours à plusieurs méthodes de recherche. Ainsi, il portera sur le choix et la délimitation du champ de la recherche, le processus d'élaboration des instruments de collecte des données, le traitement et l'analyse des données.

2.1 Choix et délimitation du champ de la recherche

2.1.1 Choix du champ d'investigation

Le choix de la Côte d'Ivoire est fondé sur notre souci d'apporter notre réflexion à son développement économique par rapport à ses différents programmes de développement initiés.

Quant au choix de la période, il est justifié par des raisons de disponibilité de la documentation d'une part, et des changements connus au niveau de la rééligibilité en 2011 de la Côte d'Ivoire à l'AGOA, d'autre part. En effet, la Côte d'Ivoire ne figurait pas parmi les 34 pays initialement déclarés éligibles au programme établi par les États-Unis en vertu de la Loi sur la croissance et les possibilités économiques en Afrique (AGOA), en octobre 2000. Elle fut initialement admise en mai 2002. Elle fut exclue en janvier 2005 suite à l'instabilité sociopolitique du pays puis admise à nouveau en octobre 2011.

2.1.2 Délimitation du champ de la recherche

Cette recherche a pour délimitation spatiale la République de Côte d'Ivoire, en l'occurrence nous avons orienté nos investigations vers les programmes de commerce américains ; quant à la délimitation dans le temps, nous avons opté pour une délimitation ponctuelle de la période allant de 2012 à 2017.

2.2 Processus d'élaboration des instruments de collecte des données

Dans ce travail de recherche, la méthode utilisée est la méthode mixte qui est une combinaison des méthodes qualitative et quantitative.

Cette approche vise à recueillir des données qualitatives et quantitatives. Ce type de recherche consiste à décrire et à expliquer. La mise au point des outils de recueil de données a été menée suivant un long processus que nous présentons.

La méthodologie qualitative a présenté de meilleures opportunités pour explorer les effets de l'héritage colonial qui affecte le programme AGOA (Nshisso 2017). Il a analysé les réponses des participants aux questions de recherche de l'étude pour identifier les attitudes et les croyances sur la base des descriptions et des explications des expériences vécues, des coutumes et des traditions (Patton 2002). Ces profils ont été difficiles à mesurer en appliquant des techniques quantitatives qui se concentrent sur la manipulation des variables dans les plans expérimentaux ou sur des tests statistiques des variables en interaction dans les plans non expérimentaux (Patton 2002).

Ainsi, la méthode qualitative a facilité l'étude des problèmes en profondeur et en détail (Patton 2002). Elle comprenait la reconnaissance d'expériences partagées variées et la nature interactive et indissociable des interactions entre l'Europe et l'Afrique subsaharienne dans le contexte de la colonisation (Willis, Sullivan-Bolyai, Knafl & Cohen 2016).

Différentes stratégies qualitatives d'enquête ont été envisagées pour déterminer quel modèle aide à mieux répondre au but de l'étude : ethnographie, théorie du sol, recherche phénoménologique, recherche narrative et études de cas (Patton 2002, Creswell 2009, Yin 2016). L'enquête ethnographique n'a pas été prise en compte, car l'étude n'a pas cherché à comprendre la culture des gens dans un laps de temps défini (Patton 2002). L'enquête phénoménologique qui se concentre sur la description de l'essence d'un phénomène vécu par une personne qui en a fait l'expérience a été incapable d'expliquer les causes de la sous-performance commerciale de l'AGOA (Willis, Sullivan-Bolyai *et al.* 2016). La recherche narrative n'a pas été prise en compte car l'enquête ne s'est pas engagée dans l'étude de la vie ou la présentation des histoires de vie des individus (Creswell 2009, Yin 2016).

L'enquête sur la stratégie de l'étude de cas était appropriée pour répondre aux questions de recherche descriptive qui étaient d'un intérêt primordial pour l'étude et dans la situation où il y avait peu de contrôle sur le fait que le programme AGOA ne fonctionnait pas bien en raison des liens commerciaux historiques et de l'orientation du marché vers l'Europe malgré les opportunités commerciales non réciproques offertes aux pays d'Afrique subsaharienne à accéder au marché américain (Yin 2016).

Les avantages de la collecte de données qualitatives en ligne étaient, entre autres : les économies de temps et d'argent, la facilité de transcription, la saisie des données et l'accès aux participants dans les régions géographiquement éloignées ; questions logistiques telles que la distance et la disponibilité du temps pour que les participants réfléchissent aux réponses avant de les taper. (Mason et Ide 2014, Shapka, Domene, Khan et Yang 2016). En fait, les sites d'étude étaient géographiquement situés à Abidjan et les autres grandes villes telles que Yamoussoukro. Cependant, l'utilisation d'un questionnaire envoyé en ligne n'a pas permis d'utiliser les sondes et les questions de suivi pour les réponses qui étaient plus courtes que souhaité ou nécessitaient une clarification pour plus de perspicacité. Ces limitations ont évité le biais ou la distorsion des données par le chercheur (Yin 2016).

Bien que la technique du questionnaire à composition non limitée présente l'avantage d'obtenir des cas riches en informations pour comprendre les perceptions des participants sur les effets de l'héritage colonial sur le programme AGOA, elle présente le risque de fausser les réponses des participants en raison du biais de personnalité, de la colère, l'anxiété, la politique, l'erreur de rappel et les réponses intéressées (Patton 2002).

Cette limitation a été corrigée en décrivant brièvement l'étude dans l'introduction du questionnaire ouvert et en expliquant clairement et les modes de réponses. En outre, plusieurs entretiens avec les enquêtés ont eu lieu.

Le deuxième problème lié à l'instrument de questionnaire (guide d'entretien) était lié à la séquence des questions. Le checheur s'attendait à ce que toutes les questions reçoivent une réponse. Cependant, certains enquêtés ont sauté des questions, d'autres ont fourni des réponses incomplètes. L'étude a considéré des réponses incomplètes qui ont contribué à donner un sens aux thèmes dans le processus d'analyse des données. La technique de la triangulation a été utilisée pour corriger la réponse incomplète des participants (Breitwieser & Wick 2016). Pour certains pays d'Afrique subsaharienne (Sénégal, Togo, Ghana), plus d'un répondant a accepté de participer à l'étude et a répondu aux questions ouvertes. Cependant, seuls les participants dont les réponses ont fourni un sens utile ont été inclus dans l'analyse (Yin 2016).

La technique d'examen des documents pour recueillir des données secondaires a présenté certains défis. Les documents historiques, diplomatico-militaires et économiques qui ont fourni des informations précieuses pour la revue de la littérature sur les relations de coopérations économiques entres les États-Unis et les pays de l'Afrique subsaharienne éligibles aux programmes de commerce américain ont été rédigés (...) et n'ont pas été conçus en tenant compte des besoins du commerce dans le cadre du programme AGOA (Patton 2002, Zikmund *et al.* 2010). Ainsi, un temps considérable a été consacré à trier les informations qui ont contribué à l'étude.

La dernière limitation concernant la technique d'examen des documents était liée à la pertinence des documents écrits sur le programme AGOA depuis sa promulgation jusqu'au moment de l'étude. Certaines informations étaient exactes à un moment donné mais obsolètes pour l'autre, créant une lacune dans les données et rendant complexe la phase d'analyse. Dans ce cas, le chercheur a concentré son attention sur l'analyse initiale du contenu pour séparer les documents de qualité et d'exhaustivité de ceux qui n'avaient pas apporté de contribution significative à l'étude (Patton 2002).

• Le guide d'entretien

Pour ce faire, nous avons élaboré des guides d'entretien en fonction de chaque cible que nous avions identifiée et qui était susceptible de participer à la mise en œuvre des cadres de partenariats économiques entre les États-Unis et la Côte d'Ivoire. Les programmes de commerce américains pris en compte dans les guides (cf. Table) sont les suivants :

– African Growth and Opportunity Act (AGOA)
– African Women's Entrepreneurship Program (AWEP)
– Bilateral Investment Treaty (BIT)
– Power Africa (PA)
– Build Act (BA)

Les guides d'entretien ont été élaborés en fonction des organismes et entités (cf. Table). Des masques de saisies correspondants aux guides d'entretien ont été réalisés à l'aide du logiciel Sphinx V5 et transmis par avance par e-mail aux contacts identifiés dans les structures.

2.3 Les techniques d'investigation

Pour réunir des informations dans le cadre de la réalisation et la rédaction de cette recherche nous avons fait recours à plusieurs techniques de recherche

2.3.1. Les entretiens ou interviews

Ils se sont déroulés sur 4 mois allant du 1er mars 2020 au 30 juin 2020. En raison de la pandémie de la COVID 19 qui a engendré la fermeture des frontières terrestres et aériennes dans les pays de l'Afrique de l'Ouest, nous avons choisi comme option l'utilisation des outils de communication (Entretien par voie téléphonique ou conférence call). À cet effet, des appels via les applications Wathsapp, Skype et Zoom, ont été utilisés pour réaliser des interviews des cibles de notre recherche. Après la collecte des données à l'issue des interviews, une retranscription a été faite. Il est à noter qu'un enregistrement des échanges a été organisé et sauvegardé sur un Compact Disk (CD) en vue de ne rien perdre des informations délivrées par les interlocuteurs pour une durée minimale de cinq ans. L'avis des enquêtés a été demandé au début de chaque interview.

Une retranscription des échanges a été faite et les principales informations utiles ont été retranscrites dans la grille de collecte de données. C'est à partir de ce moment qu'a débuté de façon opératoire l'analyse des données recueillies. Ainsi, nous avons interviewé les acteurs prenant part à la bonne marche de l'AGOA. Il s'agit :

– des responsables régionaux et nationaux de l'AWEP (Ghana, Togo et en Côte d'Ivoire) ;

– des responsables de Chambre de commerce et d'Industrie en CIV et du TOGO.

Tableau 1 : Acteurs et organismes interviewés

N°	Organisme interviewé	Responsabilités de l'interviewé
1	AWAY WEST AFRICA	Président
2	AWEP CI	Vice-Président
3	AWEP CI	Membre permanent
4	Ambassade des USA en CIV/Programme Fulbright	Chargée De Projet
5	SOCIÉTÉ CIVILE AGOA	Président
6	Chambre de Commerce et d'Industrie de Côte d'ivoire	Président Chargée du Développement international
7	APEX-CI	DGA
8	Ambassade des USA au Sénégal	Regional Public Engagement: Specialist/ACD
9	Ambassade des USA au Sénégal	Commercial Specialist
10	USAID/West Africa trade & investment hub	AGOA Specialist
11	AWEP TOGO	Vice-Présidente
12	Ministère du Commerce, du développement de l'Industrie du secteur privé et de la promotion du TOGO	Chargée AGOA
13	Ministère de la Femme, de la Famille et de l'Enfant de la Côte d'Ivoire	Directeur de Cabinet & Directeurs

Une préenquête a été organisée avec les responsables de services de l'ambassade des USA au Sénégal. Il s'agit du

- « bureau of educational and cultural affairs » ;
- American Center Dakar.

Nous sommes rentrés également en contact avec les responsables de certaines institutions et autres personnes clés de notre carnet d'adresses en Côte d'Ivoire (chambres de commerce) afin de toucher les cibles idoines. Ces entretiens exploratoires ont contribué à constituer la base de l'échantillon des institutions et personnes enquêtées présentées dans le tableau ci-dessus.

2.3.2. La recherche documentaire

La recherche documentaire nous a permis de consulter et d'exploiter une série d'ouvrages, des articles, des écrits scientifiques, des rapports. Cette recherche bibliographique s'est articulée autour de l'utilisation des textes législatifs et réglementaires fixant le cadre de coopération des États-Unis et de la Côte d'Ivoire comme le Build Act, la Stratégie nationale AGOA de la Côte d'Ivoire (lois, ordonnances, décrets, arrêtés et instructions) afin de comprendre leur fonctionnement. En outre, une attention particulière a été accordée, comme préciser précédemment, à la recherche et à l'analyse documentaires qui constituent le fondement de toute recherche scientifique crédible. En l'occurrence, la quête documentaire a permis d'approfondir les connaissances d'ordre épistémologique, théorique et conceptuel dans le domaine de la Diplomatie et des Relations internationales, en particulier dans sa composante « Diplomatie économique ».

La consultation d'ouvrages, des revues, des articles et de sites Internet nous a permis de bien cerner la thématique de recherche en abordant ses aspects les plus essentiels. En effet, durant les recherches, nous avons privilégié les ouvrages spécialisés et les critiques dont les thèses gravitent autour de la coopération internationale, l'aide publique au développement, la politique étrangère des États-Unis, l'**accord conclu entre le gouvernement des États-Unis et l'Union économique et monétaire ouest-africaine relatif au développement des relations de commerce et d'investissement.**

Dans cette perspective, nous avons identifié quelques greniers de connaissances qui pourraient être utilement exploités dans le cadre de la recherche documentaire de la présente recherche. Il s'agit des structures ci-après :

– le Centre de documentation du CEDS à Dakar au Sénégal ;

– le Centre de Ressource américaine (American Resource Center) de l'Ambassade des États-Unis au Sénégal et celui de l'Ambassade des États-Unis en Côte d'Ivoire (Information Resource Center) ;

– le West African Research Center (WARC) basé à Dakar au Sénégal ;

– les bibliothèques du Centre africain d'Études supérieures en Gestion (CESAG), de l'Université Cheikh Anta Diop de Dakar (UCAD), de l'Institut supérieur de Finance (ISF), de l'Institut français au Sénégal ; le Goethe Institut au Sénégal

– le Conseil pour le Développement de la Recherche en Sciences sociales en Afrique (CODESRIA) sis à Dakar au Sénégal ;

– l'Université Felix Houphouët Boigny en Côte d'Ivoire ; du CIRES ;

– les Centres de documentation du ministère des Affaires étrangères, du ministère de l'Économie, du ministère du Commerce, de la CGECI, du CEPICI et de l'APEX-CI.

Nous avons exploité également les bases documentaires d'organisations régionales et internationales telles que l'UEMOA, la CEDEAO, l'UA, l'USAID, l'UNESCO, la CNUCED, la BAD, le FMI, l'OMC, l'UNFPA, etc.

En outre, nous avons consulté des sites spécialisés en sciences politiques, diplomatie et relations

internationales ainsi que des revues scientifiques en ligne.

Par ailleurs, certains outils de recherche ont été également mis à contribution. Il s'agit notamment de fiches de lecture, de fiches thématiques, de fiches de commentaires, de guides d'observation et de carnets de notes.

2.4 Traitement et analyse des données

2.4.1 Méthodes d'analyses

2.4.1.1 Méthodes d'analyses qualitatives

Pour les données issues de l'entretien, une analyse qualitative a été réalisée et la méthode d'analyse de contenu a été utilisée. Selon Wanlin (2007), l'analyse de contenu est un ensemble d'instruments méthodologiques de plus en plus raffinés et en constante amélioration s'appliquant à des « discours « extrêmement diversifiés et fondés sur la déduction ainsi que l'inférence. Il s'agit d'un effort d'interprétation qui se balance entre deux pôles, d'une part, la rigueur de l'objectivité, et, d'autre part, la fécondité de la subjectivité. Quant à BERELSON (1952), son fondateur, la définit comme « une technique de recherche pour la description objective, systématique et quantitative du contenu manifeste de la communication ». L'Analyse de Contenu est la méthode qui cherche à rendre compte de ce qu'ont dit les interviewés de la façon la plus objective possible et la plus fiable possible.

– La méthode d'analyse de contenus

L'utilisation des données obtenues a fait l'objet d'une analyse du contenu effectué avec minutie à travers des analyses thématiques, des analyses formelles et des analyses structurales comme le recommande Raymond Quivy et Luc van Campenhoudt[7] (2002).

---

[7] Raymond Quivy et Luc van Campenhoudt : *manuel de recherche en science sociale*. Dunod 2002.

Le processus d'analyse développé à partir de la recherche documentaire a été mené comme celle d'Alioune Dione[8] (2013) dans sa méthodologie. Il s'agit des analyses thématique, formelle, structurale et documentaire.

- **L'analyse thématique**

Elle a porté sur une analyse catégorielle notamment les thèmes et aspects les plus ressortis au cours de la revue documentaire. Elle a été usitée dans les phases ultérieures pour apprécier les aspects qualitatifs de notre recherche.

- **L'analyse formelle**

À ce niveau de l'expression nous a permis d'avoir un premier aperçu des rapports ; articles, ouvrages. Elle a été approfondie dans le jugement émis par les acteurs ; cela est renforcé par l'analyse de l'énonciation dans la phase de recherche documentaire.

- **L'analyse structurale**

Elle a surtout porté sur l'analyse des occurrences en comparant les différents documents entre nos mains.

- **L'analyse documentaire**

Elle constitue l'équivalence de la revue documentaire dont elle s'apparente dans le mode d'exploitation à la différence que cette fois, elle vise des données et informations précises, alors que la revue facilitait la construction de la recherche à travers les informations générales et brutes.

---

[8] Alioune Dione : *Financement du développement et diplomatie : l'attitude du Sénégal*. Éditions universitaires Européenne. 2013.

Elle a constitué un élément très important dans la réalisation de notre étude. Il s'agit d'articles (surtout l'open source) disponibles sur Internet, des rapports, les livres, des mémoires et thèses. Elle s'est donc déroulée sur Internet et à partir de la bibliothèque de différentes institutions.

2.4.1.2 Méthodes d'analyses quantitatives

Dans le cas de cette méthode de recherche, l'exploitation de données secondaires existantes pour les données quantitatives, principalement économiques et financières, relatives aux exportations entre la Côte d'Ivoire et les États-Unis a été faite. Une analyse de l'évolution des flux commerciaux, économiques et financiers conduite à partir d'une grille de collecte de données et de l'outil Microsoft Excel a été mise au point.

2.4.2 Traitement et saisie des données

Cette partie de la recherche fait suite à la méthode des enquêtes et documentaires préconisée par Dionne.

- **Saisie et traitement des données qualitatives et des données économiques et financières**

Après la collecte des données à l'issue des interviews, une retranscription a été faite. Il est à noter qu'un enregistrement des échanges a été organisé en vue de ne rien perdre des informations délivrées par les interlocuteurs. L'avis des enquêtés a été demandé au début de chaque interview.

À partir des sources d'informations légales, les données financières et économiques ont été saisies et traitées sur le logiciel Excel.

2.5 Les difficultés rencontrées

Les principales difficultés et les limites rencontrées sont les suivantes :

– les sites des organismes ciblés ne sont pas à jour et ne sont pas fonctionnels ;

– le manque de stabilité au sein de certaines structures organisationnelles a été un facteur limitant pour le déroulement de la recherche ;

– le manque de disponibilité de certains acteurs institutionnels a constitué une limite à la recherche.

Pour contourner ces difficultés relatives à notre recherche, nous avons ajusté la stratégie de recherche suivante :

– pour les sites des organismes ciblés qui ne sont pas à jour et non fonctionnels, particulièrement pour ceux situés à l'intérieur du Sénégal, nous sommes allés directement sur les sites physiques pour collecter les données. Pour ceux situés en dehors du Sénégal, le problème a été contourné en réalisant des appels directement dans ces organismes ciblés via les outils de communication tels que Whatsapp, Skype, Telegram, par courriels et courriers physiques. Toutes ces informations issues de ces échanges ont été sauvegardées sur des CD pour une durée d'au moins 7 ans ;

– pour résoudre le problème de manque de stabilité au sein de certaines structures organisationnelles, nous avons consulté d'abord certaines archives relatives à ces structures qui nous a permis de faire un rapprochement entre les différentes structures organisationnelles pour mieux capter leur existence et leur fonctionnement ;

– pour contourner le manque de disponibilité de certains acteurs institutionnels, nous avons mobilisé la stratégie de concentration. En effet, nous nous sommes focalisés sur certains acteurs clés de la chaîne du Top Management et éliminer certains acteurs non essentiels dans l'analyse.

DEUXIÈME PARTIE

CADRES INSTITUTIONNEL ET ANALYTIQUE

Chapitre 3 : Cadre institutionnel

L'État de Côte d'Ivoire et les États-Unis ont établi une relation, laquelle relation obéit à une logique d'intérêt des différents acteurs des sphères de décision. Cet intérêt économique doit se manifester sur le plan institutionnel lequel se traduit par un dispositif conséquent qu'il convient de parcourir. (NSHISSO 2017).

Ainsi, l'objet de ce chapitre est d'abord de passer en revue l'historique de la coopération économique États-Unis – Côte d'Ivoire (3.1). Ensuite, un focus sera fait les fondements de la coopération économique États-Unis – Côte d'Ivoire (3.2). Enfin, le dernier volet sera consacré aux objectifs de la coopération économique États-Unis Cote d'Ivoire (3.3).

3.1 Historique de la coopération économique États-Unis – Côte d'Ivoire

La Côte d'Ivoire est éligible à des avantages commerciaux préférentiels en vertu de la loi sur la croissance et les opportunités en Afrique (AGOA). Mené par l'augmentation de la demande ivoirienne pour les exportations américaines, le commerce bilatéral total a atteint un nouveau record pendant deux années consécutives. Les exportations américaines vers la Côte d'Ivoire comprennent les plastiques, les machines, les combustibles minéraux, les produits agricoles, les véhicules, les produits sidérurgiques et les produits pharmaceutiques. Les importations des États-Unis en provenance de Côte d'Ivoire comprennent le cacao, l'huile, le caoutchouc, le bois et les noix de cajou. Les entreprises américaines ont investi dans les services énergétiques, agricoles, sanitaires et informatiques.

Les États-Unis ont un accord-cadre sur le commerce et l'investissement avec l'Union économique et monétaire ouest-africaine, dont la Côte d'Ivoire est membre. En 2017, les États-Unis et la Côte d'Ivoire ont signé un Compact Millennium Challenge Corporation (MCC) quinquennal de 524,7 millions de dollars pour faciliter le transport de marchandises et de personnes à destination et en provenance d'Abidjan et améliorer l'enseignement technique et professionnel.

3.2 Fondements de la coopération économique États-Unis – Côte d'Ivoire

L'aide américaine à la Côte d'Ivoire se concentre sur quatre domaines prioritaires. Ceux-ci renforcent la démocratie et la gouvernance, élargissent les opportunités économiques, font progresser la réforme du secteur de la sécurité et améliorent les systèmes et les résultats des soins de santé. L'objectif général de cette programmation est de créer un environnement pacifique et stable qui favorisera les intérêts stratégiques et commerciaux des États-Unis et permettra au peuple ivoirien de prospérer.

L'assistance américaine est conçue pour promouvoir la participation multiethnique au processus démocratique ; renforcer la capacité institutionnelle des institutions gouvernementales nationales, provinciales et locales, des médias et de la société civile pour une meilleure gouvernance et une confiance accrue du public dans le processus démocratique ; soutenir les activités électorales et de suivi ; promouvoir le respect de l'état de droit et des droits de l'homme ; fournir une assistance technique en matière de politiques budgétaire et fiscale ; et lutter contre l'épidémie de VIH/SIDA en élargissant l'accès aux services de prévention, de soins et de traitement, ainsi qu'en combattant le paludisme.

Le Compact du Millennium Challenge Corporation (MCC) avec la Côte d'Ivoire soutiendra la volonté du pays de diversifier son économie grâce à des investissements dans les secteurs de l'éducation et des transports.

La Côte d'Ivoire et les États-Unis appartiennent à plusieurs des mêmes organisations internationales, notamment l'Organisation des Nations unies (ONU), le Fonds monétaire international (FMI), la Banque mondiale (BM) et l'Organisation mondiale du commerce (OMC). La Côte d'Ivoire a rempli un mandat de deux ans en tant que membre non permanent du Conseil de sécurité des Nations unies pour 2018-2019.

3.3 Objectifs de la coopération économique États-Unis – Côte d'Ivoire

Les États-Unis ont reconnu la République de Côte d'Ivoire le 7 août 1960, lorsque le président Dwight D. Eisenhower a envoyé une lettre à cet effet au Premier ministre Félix Houphouët-Boigny. La zone qui est devenue la Côte d'Ivoire à cette même date auparavant était sous souveraineté française. Le nom de l'État est passé de Ivory Coast à Côte d'Ivoire en 1986. Les relations diplomatiques ont été établies le 7 août 1960, lorsque le consulat américain à Abidjan a été élevé au statut d'ambassade avec l'ancien consul Donald R. Norland comme chargé d'affaires.

Le poste d'ambassadeur des États-Unis en Côte d'Ivoire est actuellement vacant; les autres principaux responsables de l'ambassade figurent sur la liste des principaux fonctionnaires du ministère des Affaires étrangères. La Côte d'Ivoire possède une ambassade aux États-Unis au 2424 Massachusetts Avenue, NW, Washington, DC 20007.

Chapitre 4 : Cadre analytique

Nous avons empiriquement établi les différents aspects des relations de coopération économique entre la Côte d'Ivoire et les États-Unis en vue de procéder à une bonne présentation des résultats. La présentation des résultats émane de l'analyse institutionnelle et des résultats émergents de la collecte effectuée par les différents outils d'investigation.

En effet, dans ce chapitre traitant du cadre analytique, nous avons présenté et analysé les résultats (4.1), puis nous avons discuté à la lumière des tests des hypothèses formulées en amont des résultats tirés de la recherche (4.2).

4.1 Présentation et analyse des résultats

Les États-Unis n'ont pas d'accords d'échanges commerciaux (tels que définis par l'Organisation du Commerce international) avec la République de Côte d'Ivoire et encore moins avec les pays de la région Subsaharienne. Par contre le gouvernement américain a des programmes de commerce qui associent sa politique étrangère, ses intérêts sécuritaires, sa recherche des débouchés économiques et sa poursuite d'instauration de la démocratie dans de pays ou groupe des pays africains. Ces programmes sont :

– Program 1: African Growth and Opportunity Act (AGOA)

– Program 2: African Women's Entrepreneurship Program (AWEP)

– Program 3: Power Africa

– Program 4 : Bilateral Investment Treaty (BIT) ou un traité bilatéral d'investissement (TBI)

– Program 5: Build Act

4.1.1 Les programmes de commerce

4.1.1.1 Programme 1 : AGOA

L'African Growth and Opportunity Act[9] est mieux connu sous son abréviation « AGOA » et se traduit en français par « la loi sur l'opportunité de la croissance de l'Afrique ». Ce programme est devenu la pierre angulaire de relations commerciales entre les États-Unis et l'Afrique SubSaharienne. L'AGOA représente l'engagement des États-Unis envers l'Afrique Sub-Saharienne en vue de sa croissance économique et son intégration effective dans l'Organisation mondiale du commerce (OMC).

L'African Growth and OpportunityAct est un programme de commerce qui ouvre le marché américain à une gamme des produits africains. En retour, il permet aux entreprises américaines d'investir dans les secteurs de leurs choix en Afrique Sub-Saharienne. L'AGOA a été voté par le Congrès américain en l'an 2000 et expire en 2025. En dépit des transactions économiques à deux directions entre l'Amérique et les pays de l'Afrique Sub-Saharienne enregistrées sous l'AGOA, le programme n'est pas un accord bilatéral des échanges commerciaux entre les États-Unis et l'Afrique Sub-Saharienne au même

[9] African Growth and Opportunity Act (AGOA). Retrieved from https://agoa.info/images/documents/2/AGOA_legal_text.pdf.

titre que les accords de libre-échange signés sous l'égide de l'Organisation mondiale du commerce. L'éligibilité et l'exclusion des pays de l'Afrique Sub-Saharienne à l'AGOA sont décidées par le Président américain après avis et recommandations de ses services basés sur la manière dont chaque pays de l'Afrique Sub-Saharienne se conforme aux conditions d'ordre politique, économique et social prescrites à la section 104. À son lancement officiel, 34 contre 48 pays de l'Afrique Sub-Saharienne furent éligibles au programme AGOA. À ce jour, 38 pays de l'Afrique Sub-Saharienne sont éligibles dont la Côte d'Ivoire qui fut réintégrée en octobre 2011.

– L'AGOA en Côte d'Ivoire

– Les secteurs d'intervention prévus de l'AGOA en Côte d'Ivoire de 2012 à 2017

La Loi sur la croissance et les possibilités économiques en Afrique (AGOA) a été promulguée en mai 2000 comme titre 1 de la Loi sur le commerce et le développement de 2000 aux États-Unis. En Côte d'Ivoire, les secteurs d'interventions de l'AGOA selon tous les interviewés sont les suivants : Santé, Agriculture, Formation, Financement, Gouvernance, Infrastructure économique, Artisanat, Textile, Services, Cosmétique, Industrie, Agrobusiness.

Ces différents secteurs ont bénéficié de la réalisation effective du cadre de coopération fixant les modalités de l'AGOA en Côte d'Ivoire. Il n'y a donc pas de secteur restrictif devant bénéficier des opportunités de L'AGOA. Cependant, ces derniers précisent qu'il existe une catégorisation des produits dans chaque secteur entre autres, les produits éligibles et non éligibles.

– Une stratégie nationale de la Côte d'Ivoire pour augmenter ses exportations sous AGOA

La Côte d'Ivoire a élaboré une stratégie nationale AGOA qui a pour objectif d'accroître les exportations du pays vers les États-Unis en passant de 1, 164 milliards USD en 2017 à 3, 5 milliards de USD à l'horizon 2025. Quatre axes stratégiques ont été déclinés :

– appui technique et renforcement des capacités du secteur privé ;

– promotion de l'investissement et l'accès au financement ;

– promotion du label ivoirien sur le marché américain ;

– organisation et la gestion du suivi évaluation de la stratégie AGOA.

Cette stratégie porte spécifiquement sur la promotion de six chaînes de valeur que sont les vêtements et textiles, les fruits tropicaux, le manioc et dérivé, l'amande de cajou, le karité et miel. Les acteurs de la stratégie AGOA ivoirienne sont :

– Apex-ci ;

– le ministère du Commerce et de l'Industrie ;

– la douane ;

– la société civile ;

– la structure de normalisation ivoirienne (CODINORM).

Selon le directeur général adjoint de l'APEX CI, M. Amangoua, « la stratégie nationale AGOA fonctionne et a deux aspects. Il y'a l'aspect institutionnel lié à la relation bilatérale qui existe entre la Côte d'Ivoire et les États-Unis (...) et le deuxième aspect, c'est sur l'aspect commercial. Sur ce point, nous sommes aujourd'hui à hauteur de 1,162 milliard de dollars américains à peu près 500 à 600 milliards de FCFA et nous espérions qu'avant la fin de cette loi qui est prévue pour 2025, nous soyons à 3,5 milliards de USD»[10].

Selon d'autres acteurs de la société civile, le fonctionnement de la stratégie nationale AGOA n'est pas optimal, pas clair pour certains, voire attentiste, pour d'autres. Pour eux, l'opérationnalisation de la stratégie pose problème, car il manquerait assez d'exemples (success stories) qui peuvent inciter les opérateurs économiques (principalement les femmes) à exporter des biens sous l'AGOA. En plus, il existe trop d'aspects institutionnels au détriment des aspects commerciaux. Par exemple, certains pays anglophones réussissent de par leurs stratégies nationales simples à impliquer leurs diasporas qu'ils transforment en chargés d'affaires clientèle pour identifier les marchés et booster les exportations.

– Les mécanismes d'exportation de la Côte d'Ivoire sous AGOA

Les exportations sous AGOA se doivent de respecter un certain nombre d'exigences tarifaire et non tarifaire. Les exigences tarifaires sont relatives aux droits de douane sur chaque produit qui part de la Côte d'Ivoire et entre sur le territoire douanier américain. Les exigences non tarifaires sont

[10] Interview réalisée par le magazine « La Tribune du Patronat n° 025 – Août septembre 2019 – Confédération Générale des Entreprises de Côte d'Ivoire'. www.cgeci.com. Consulté en avril 2020 à 10 h. Disponible sur cgeci.com/wp-content/upload/2019/10/webTDP-CGECI-N25.pdf

liées entre autres à la qualité du produit, qui partant de la Côte d'Ivoire, entre sur le territoire des États-Unis tout en devant respecter les normes définies et en vigueur aux États-Unis et en Côte d'Ivoire.

D'après la Vice-présidente de l'AWEP CI, Mme Suzanne Abrogoua, les mécanismes d'exportation sous AGOA se déclinent comme suit : d'abord, il faut trouver un client aux États-Unis, ensuite il faut avoir la certification Food and Drug Administration (FDA) et pour certains produits, il faut avoir des certifications nationales. Après, il faut prendre une fiche à la douane pour l'export sous l'AGOA, et enfin il faut exporter vers son client.

– Les avancées induites par l'AGOA au niveau de la réglementation des exportations en Côte d'Ivoire

Selon les interviewés, l'AGOA a permis de renforcer le cadre réglementaire des exportations en Côte d'Ivoire. Ainsi, la création d'une nouvelle certification label (CODINORM) qui a mis l'accent sur la certification des produits exportés « made in Côte d'Ivoire» a été instituée par une nouvelle loi[11] et a été votée à l'Assemblée nationale en 2014.

– Les limites liées à l'AGOA sur la réglementation des exportations en Côte d'Ivoire

Si au niveau législatif et institutionnel, une loi a été votée, l'exportation sous AGOA en Côte d'Ivoire est sujette à des limites. En premier lieu, les limites informationnelles. Toute

[11] Loi n 2013-866 du 23 décembre 2013 parue au *Journal officiel* de la République de Côte d'Ivoire du 03 janvier 2014.

exportation vers les États-Unis ne bénéficie pas automatiquement des avantages de l'AGOA. Il faut que l'exportateur se rende à la Douane pour en faire la demande et remplir les formalités d'usage. Par ailleurs, la langue anglaise, langue dans laquelle est rédigé l'ensemble des documents d'origine, constitue un frein pour obtenir l'information adéquate. Cette démarche est souvent méconnue des exportateurs en Côte d'Ivoire.

En outre, un manque de rudiments en commerce international de la part des exportateurs a été identifié comme une limite. Par exemple, la méconnaissance des incoterms en est un exemple. Ces exportateurs ne sont pas également outillés en stratégie Marketing qui nécessite de trouver des niches de marché, des réseaux d'affaires, des clients. Il faut également ajouter un manque de moyens financiers.

– Les limites liées à AGOA sur la croissance des exportations en Côte d'Ivoire

La demande du marché américain étant forte, concurrentielle et vaste sous AGOA, les capacités de production des exportateurs ivoiriens pris individuellement sont en deçà du niveau de commande. En plus, le manque de synergie des exportateurs individuels limite le niveau de réponse à des commandes formulées par le marché américain.

– L'évolution des exportations de la Côte d'Ivoire annuellement de 2012 à 2017 vers les États-Unis sous l'AGOA

L'Analyse de la balance commerciale entre la Côte d'Ivoire et les États-Unis permet de voir les exportations et importations. La figure suivante montre l'évolution des montants annuels.

Figure 1 : Évolution des montants des importations et exportations entre la Côte d'Ivoire et les États-Unis de 2012 à 2017

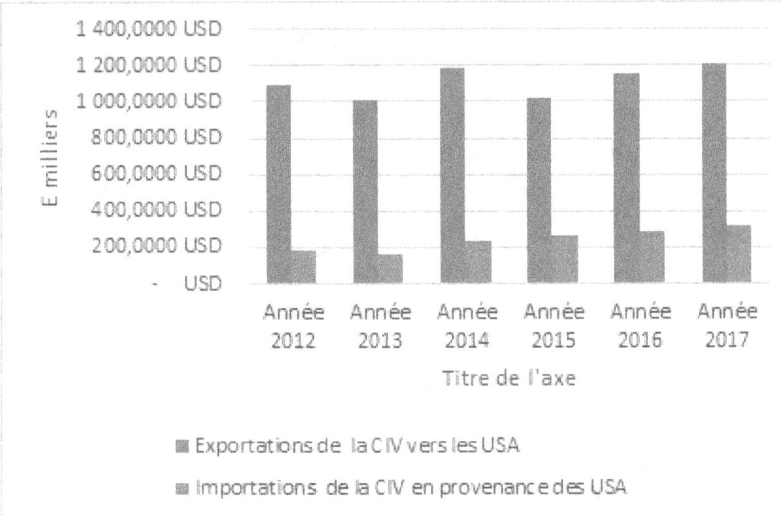

Source : Résultats de l'enquête, 2020

De 2012 à 2017, la balance commerciale entre la Côte d'Ivoire et les États-Unis est excédentaire ; les exportations ont donc été supérieures aux importations chaque année passant de **911 408 USD** en 2012 **à 894 304** USD de la Côte d'Ivoire vers les États-Unis.

– Situation des exportations entre la Côte d'Ivoire et les États-Unis

Le tableau ci-dessous présente les montants associés aux exportations entre la Côte d'Ivoire et les États-Unis.

Entre 2012 et 2013, le montant des exportations de la Côte d'Ivoire vers les États-Unis est passé de **1 099 496 USD** à **1 013 449, 2 USD soit** une évolution positive en valeur absolue de **86 046,7 USD**. En 2014, le montant des exportations va passer à **1 192 531 USD** avant de connaître une baisse de 164 645 USD en 2015 et passer à **1 027 885, 6 USD.** En 2016 et 2017, les montants des exportations ont été respectivement de **1 163 833, 7 USD et 1 216 343,7 USD.**

Tableau 2 : État des exportations de la Côte d'Ivoire vers les États-Unis de 2012 à 2017

Année	2012	2013	2014	2015	2016	2017	Source
Exportations totales CIV (milliers USD)	10875 902,73	13701 904,5	12 843 406,71	12 396 035,97	10 486 940,21	12 387 962,12	INS civ
Exportations vers USA (milliers USD)	1 099,49	1 013,44	1 192,5	1 027,885	1 163,83	1 216,34	https://www.census.gov/foreign-trade/balance/c7520.html
Part des USA dans le commerce de CIV	0,010 %	0,007 %	0,009 %	0,008 %	0,011 %	0,010 %	Calcul

En conclusion, les exportations de la Côte d'Ivoire vers les États-Unis ont connu une croissance entre 2012 et 2017 d'une valeur **116 847 USD** soit une progression de 9,61 % sur la période. Ces résultats montrent une faiblesse du niveau des exportations de la Côte d'Ivoire vers les États-Unis.

– ***Situation des exportations entre la Côte d'Ivoire et les États-Unis sous AGOA***

Part des exportations sous AGOA dans les exportations de la Côte d'Ivoire vers les États-Unis. Le tableau ci-dessous présente le montant des exportations sous l'AGOA en 2016 et 2017. Les données de 2012 à 2015.

Tableau 3 : Situation des exportations de la Côte d'Ivoire vers les États-Unis sous AGOA de 2012 à 2017

Année	Année 2012	Année 2013	Année 2014	Année 2015	Année 2016	Année 2017	Source
Exportations AGOA (milliers USD)	Nd[12]-	nd-	nd-	nd-	120,00	37,72	department of commerce USA gov
Proportion des AGOA dans les Export vers les USA	nd-	nd-	nd-	nd-	10,311 %	3,101 %	Calcul

La part des exportations sous AGOA dans les exportations totales de la Côte d'Ivoire vers les États-Unis est de 10 % en 2016 et connaît une baisse en 2017 et passe à 3 %. Ces taux montrent la faiblesse des exportations sous AGOA en Côte d'Ivoire.

De façon plus spécifique, le tableau suivant présente par secteur la part des exportations sous AGOA par secteur entre 2016 et 2018.

[12] Nd : non disponible.

Tableau 4 : Part des exportations sous AGOA par secteur économique entre 2016 et 2018

Secteur	Catégorie	2016	2017	2018
Agricultural products	Part d'AGOA dans les exportations de la CIV vers les US	0,01 %	0,09 %	0,98 %
	Part des exportations sous AGOA dans le GSP[13]	0,13 %	1,24 %	15,45 %
Forest products:	Part de AGOA dans les exportations de la CIV vers les US	0,44 %	0,30 %	0,27 %
	Part des exportations sous AGOA dans le GSP	57,45 %	11,90 %	43,18 %
Chemicals and related products	Part des exportations AGOA dans les exportations de la CIV vers les U.S.	0,00 %	0,08 %	0,12 %
	Part des exportations sous AGOA dans le GSP	0,00 %	73,27 %	93,65 %
Energy-related products	Part de AGOA dans les exportations de la CIV vers les US	0,00 %	20,89 %	50,33 %
	Part des exportations sous AGOA dans le GSP	0,00 %	100,00 %	100,00 %
Textiles and apparel	Part de AGOA dans les exportations de la CIV vers les US	6,67 %	0,00 %	0,00 %
	Part des exportations sous AGOA dans le GSP	100,00 %	0,00 %	0,00 %
Footwear	Part de AGOA dans les exportations de la CIV vers les US	0,00 %	0,00 %	0,00 %
	Part des exportations sous AGOA dans le GSP	0,00 %	0,00 %	0,00 %
Minerals and metals	Part de AGOA dans les exportations de la CIV vers les US	0,00 %	0,00 %	0,00 %
	Part des exportations sous AGOA dans le GSP	0,00 %	0,00 %	0,00 %
Machinery	Part de AGOA dans les exportations de la CIV vers les US	0,00 %	0,00 %	0,00 %
	Part des exportations sous AGOA dans le GSP			
Transportation equipment	Part de AGOA dans les exportations de la CIV vers les US	0,00 %	0,00 %	0,00 %
	Part des exportations sous AGOA dans le GSP	0,00 %	0,00 %	0,00 %
Electronicproducts	Part de AGOA dans les exportations de la CIV vers les US	0,00 %	0,00 %	0,00 %
	Part des exportations sous AGOA dans le GSP	0,00 %	0,00 %	0,00 %
Miscellaneous manufactures	Part d'AGOA dans les exportations de la CIV vers les US	0,00 %	0,32 %	0,38 %
	Part des exportations sous AGOA dans le GSP	0,00 %	11,65 %	9,02 %

Source : calcul ; résultat recherche

[13] GSP : General System of Preference en Français : Système généralisé des préférences (SGP) est un programme de préférences commerciales pour les biens provenant des pays en développement, mis en place par plusieurs pays développés, en dérogation du système de nation la plus favorisée, dans le cadre de l'Organisation mondiale du commerce. Sans négociation ni réciprocité, il ne s'applique pas sur les droits de douanes des pays pauvres, mais seulement sur leur exportation. C'est un système d'aide pour les pays en développement pour les soutenir dans leurs échanges commerciaux.

Globalement, les variations significatives des exportations de la Côte d'Ivoire vers les États-Unis entre les périodes 2016, 2017 et 2018 ont été observées dans les secteurs principaux suivants :

– le secteur « produits agricoles » ;

– le secteur « produits forestiers » ;

– le secteur « produits chimiques, pharmaceutiques et assimilés » ;

– le secteur « produits énergétiques » ;

– et dans une moindre mesure le secteur « produits textiles ».

De manière spécifique, le secteur « produits agricoles » a enregistré sur les périodes 2016, 2017 et 2018 une croissance successive d'abord en termes de la part des exportations sous AGOA dans les exportations de la Côte d'Ivoire vers les États-Unis respectivement en 2016 une légère hausse de 0.01 %, en 2017 de 0.09 % et en 2018 une progression de 0.98 %. Ensuite, en termes de part des exportations sous AGOA dans le Système généralisé de préférence (en anglais GSP), cette proportion a crû de 0.13 % en 2016. En 2017, elle a connu une légère hausse de 1.24 %. Cette proportion va finalement enregistrer un pic de 15.45 % en 2018.

Quant au secteur « des produits forestiers », premièrement pour la catégorie relative à la proportion des exportations sous AGOA dans les exportations de la Côte d'Ivoire vers les États-Unis en 2016, celle-ci a enregistré une hausse de 0.44 %, suivie respectivement en 2017 et en 2018 de légères baisses pour tomber à 0.30 % et 0.27 %. Deuxièmement, la part des exportations sous AGOA dans le GSP, a connu en 2016, une remarquable hausse de 57.45 % puis une chute vertigineuse de 11.90 % en 2017, pour s'établir finalement à 43.18 % en 2018.

En ce qui concerne le secteur «produits chimiques, pharmaceutiques et assimilés», pour la catégorie part des exportations sous AGOA dans les exportations de la Côte d'Ivoire vers les États-Unis, entre 2016 et 2017 on observe une quasi-stagnation respectivement de 0.00 % et 0.89 %. en 2018, cette proportion a connu une légère hausse de 0.12 %.

Pour la catégorie «part des exportations sous AGOA dans le système généralisé de préférence (connu en anglais sous le terme GSP)» en 2016, cette part a stagné à 0 %, en 2017, elle a connu une forte hausse de 73.27 % pour s'établir en 2018 à son plus haut niveau sur la période autour de 93,65 %.

En ce qui concerne le secteur «produits énergétiques», premièrement dans la catégorie «part des exportations AGOA dans les exportations de la Côte d'Ivoire vers les États-Unis» en 2016, cette proportion a connu d'abord une stagnation de 0 % avant de rebondir en 2017 à 20.87 % et s'établir finalement en 2018 à 50.33 %. concernant les proportions des exportations sous l'AGOA dans le GSP, respectivement en 2016, 2017 et 2018, elles sont passées à 0 %, puis à 100 % et enfin à 100 %.

De manière spécifique, le secteur «produits textiles et vêtements» a connu dans une moindre mesure une hausse significative en 2016 de 6.67 % pour le compartiment part des exportations AGOA dans les exportations de la Côte d'Ivoire vers les États-Unis et de 100 % pour la proportion des exportations sous AGOA dans le GSP. Pour ce qui est des deux compartiments, leurs proportions ont connu une stagnation de 0 % sur 2017 et 2018.

Pour tous les autres secteurs restants, il a été observé sur les deux compartiments une relative stagnation de 0 % de 2016 à 2018.

– ***Principaux produits d'exportation de la Côte d'Ivoire vers les États-Unis***

Le tableau suivant corrobore les faibles proportions sous AGOA des principaux produits d'exportation de la Côte d'Ivoire vers les États-Unis.

Tableau 5 : Principaux produits d'exportation de la Côte d'Ivoire vers les États-Unis en 2018

Produit	Année 2018	Programme
Fèves de cacao	608 103 150	N/A
Pâte de cacao, non dégraissée	61 468 700	N/A
Pâte de cacao, totalement ou partiellement dégraissée	6 509 340	AGOA
Pâte de cacao, totalement ou partiellement dégraissée	31 833 380	GSP
Pâte de cacao, totalement ou partiellement dégraissée	431 904	N/A
Beurre de Cacao	7 997 544	N/A
Poudre de cacao	3 489 079	GSP
Chocolat	12 848 224	N/A
Noix de cajou	18 827 035	N/A
Noix de Kola	5 342 004	GSP
Conserves de thon	595 641	AGOA
Annato	2 812 483	N/A
Produits pétroliers	81 428 405	AGOA
Produits pétroliers	88 387 378	AGOA
Produits pétroliers	156 061 048	N/A
Caoutchouc naturel	25 558 715	N/A
Caoutchouc naturel techniquement spécifié	49 053 652	N/A

Source : Résultats de la recherche, 2020

– ***Les pistes d'amélioration en terme réglementation et de croissance des exportations de la Côte d'Ivoire vers les États-Unis***

En vue de tirer profit de l'AGOA tant sur le plan de la réglementation que de la croissance, les acteurs interviewés donnent les pistes d'amélioration. Tout d'abord, pour certains, il faut que toutes les exportations de la Côte d'Ivoire vers les États-Unis bénéficient de facto des avantages de l'AGOA s'ils en remplissent les conditions. Dans la même lancée pour d'autres acteurs tels ceux du Forum de la société civile, il faut renforcer la formation et l'information des acteurs de la société civile pour propager l'information sur l'AGOA. La formation et sensibilisation « sur l'importation et l'exportation des acteurs » pourraient se faire dans les langues locales en plus du français et anglais uniquement.

4.1.1.2 Programme 2 : l'AfricanWomen's Entrepreneurship Program (AWEP)

Le Programme d'entrepreunariat des femmes africaines (AWEP) est une initiative de sensibilisation, d'éducation et de mobilisation qui vise à encourager les femmes entrepreneuses africaines à promouvoir la croissance des entreprises, à accroître les échanges commerciaux aux niveaux régional et américain grâce à la législation sur l'AGOA, à créer un meilleur environnement commercial qui donne l'opportunité aux femmes entrepreneuses africaines de devenir des voix du changement dans leurs communautés.

Les femmes africaines entrepreneuses et propriétaires de petites et moyennes entreprises sont en train de transformer leurs sociétés grâce au développement économique et la défense des intérêts sociaux de leurs communautés. Par le biais du Programme d'entrepreunariat des femmes africaines (AWEP), le Département d'État américain cherche à supprimer les obstacles aux opportunités d'affaires et à la participation économique des femmes africaines.

Lancée en juillet 2010, cette initiative identifie et met en place des réseaux de femmes entrepreneuses en Afrique subsaharienne prêtes à transformer leurs sociétés en détenant, dirigeant de petites et moyennes entreprises et en devenant des porte-paroles du plaidoyer social dans leurs communautés. **Dans le cadre du programme IVLP (International Visitor Leadership Program)** du Département d'État, environ 30 femmes entrepreneuses africaines arrivent aux États-Unis chaque année pour assister à des réunions de développement professionnel et établir des contacts avec des décideurs, des entreprises, des associations industrielles, des groupes à but non lucratif et des organisations de développement multilatérales.

Ce programme de trois semaines permet aux participantes de partager les meilleures pratiques, de discuter des défis communs, apprendre davantage sur l'économie mondiale et sur les facteurs menant à la croissance des entreprises à long terme. Il n'y a pas d'application pour l'AWEP. Les participantes sont nommées et sélectionnées chaque année par le personnel des Ambassades des États-Unis en Afrique en fonction de leurs réalisations entrepreneuriales et de leur potentiel à faire progresser les relations entre leur pays et les États-Unis.

Le Programme national – PN-OEV est sous la tutelle du ministère de la Promotion de la Femme, de la Famille et de Protection de l'Enfant depuis janvier 2016.

Depuis 2004, en plus du Budget de l'État, le PN-OEV bénéficie du soutien technique et financier des partenaires au développement dans la mise en œuvre de cette politique. À savoir :

- partenaires bilatéraux (Gouvernement Américain/ PEPFAR[14]) ;
- partenaires multilatéraux (UNICEF, Alliance CI/FM) ;
- partenaires de mise en œuvre (ONG, associations).

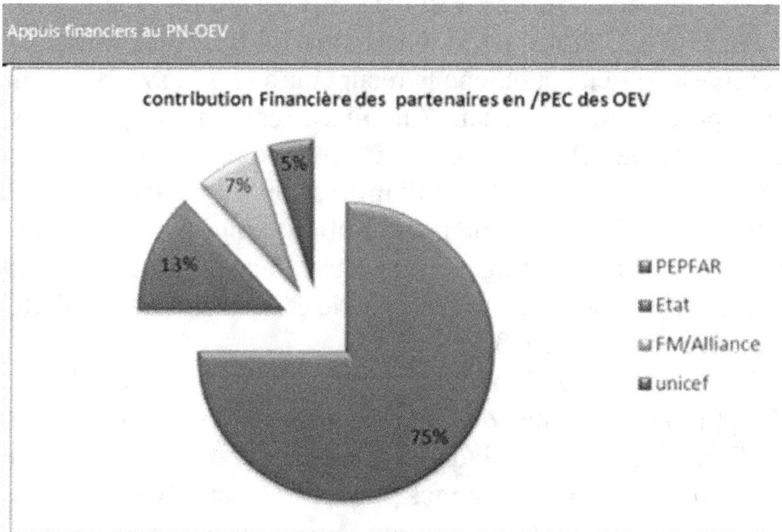

Source : Ministère de la Femme, de la Famille et de l'Enfant de Côte d'Ivoire, 2020

[14] Le President's Emergency Plan for AIDS Relief (plus connu sous l'abréviation PEPFAR) est un plan d'aide d'urgence à la lutte contre le sida à l'étranger que le président des États-Unis George W. Bush a lancé en 2003. Ce programme est mis en œuvre entre autres par le Département de la Santé et des Services sociaux et le Département d'État qui agit avec les autres agences américaines telle l'Agence des États-Unis pour le développement international, les gouvernements concernés, les organisations internationales comme ONUSIDA et le Fonds mondial de lutte contre le sida, la tuberculose et le paludisme ainsi que les organisations locales.

Notons que le Système de Gestion de l'Information sur les Violences basées sur le Genre (GBVIMS) a été introduit en Côte d'Ivoire par International Rescue Committee (IRC), une ONG américaine en 2010 dans ses zones d'intervention (Ouest, Centre et Sud) et utilisé comme système de gestion de l'information du sous-cluster VBG de 2011 à 2012. À la fin de l'année 2012, le ministère en charge de la Protection de la Femme a sollicité et obtenu la récupération de ce système pour une appropriation nationale. Aux fins de conduire ce processus, un comité de pilotage composé dudit ministère à travers sa Direction en charge de la Planification et des Statistiques (DPED), de l'UNFPA Fonds des Nations unies pour la Population (L'UNFPA est l'agence directrice des Nations unies en charge des questions de santé sexuelle et reproductive) et d'IRC a été créé en avril 2013.

Avec un taux de remboursement national de 96 %, le Fonds d'Appui aux Femmes de Côte d'Ivoire (FAFCI) impulsé par la Première Dame, Madame Dominique Ouattara profite aujourd'hui à 215 000 femmes partout en Côte d'Ivoire moyennant des taux d'intérêt très bas, avec un retour sur investissement qui a permis de distribuer plus de 30 milliards de FCFA, un appui matériel et technique, des centres de protection de la petite enfance et un vaste programme de renforcement de capacités des femmes. D'après les Directeurs du ministère de la Femme, de la Famille et de l'Enfant, il a été créé un Secrétariat d'État chargé de l'autonomisation des Femmes en 2019.

– **Réseau national AWEP en Côte d'Ivoire**

Le réseau national AWEP en Côte d'Ivoire est mis en place depuis 2013. En ce qui concerne les modalités de participation des membres dans ce programme AWEP, il est important de noter que tous les membres bénéficient de réseautage d'AWEP-CI et des séminaires de renforcement des capacités. Comme dans partout les organes dirigeants sont cooptés par l'Ambassade des États-Unis en Côte d'Ivoire sur des critères nommés ci-dessus. L'AWEP en Côte d'Ivoire bénéficie par ailleurs de l'appui de l'Ambassade des États-Unis à Abidjan, du ministère de la Femme, de la Famille et de l'Enfant, de l'APEXCI, du ministère du Commerce.

Pour la Côte d'Ivoire, les femmes de l'AWEP sont dans les secteurs :

- Artisanat
- Cosmétique
- Agriculture
- Industrie
- Agro-industrie
- Services.

Au sein d'AWEP, les avantages spécifiques des membres sont le renforcement de capacités et le réseautage. Par le networking, il y a également la possibilité d'avoir un financement et participer aux programmes de formation de l'Ambassade des États-Unis en Côte d'Ivoire, en plus bénéficier des programmes au niveau régional (Afrique de l'Ouest). Les principales formations ont été axées sur le Management et la gestion des entreprises.

Sur la période 2012-2017, le nombre de femmes membres a atteint un nombre maximum de 150 à 52. Pour l'instant, AWEP Côte d'Ivoire est composé de cinquante-deux (52) membres mais seulement trois (3) femmes exportent. Du fait de ce peu de femmes exportatrices sur la période 2012-2017, la nécessité de renforcer la capacité des femmes à trouver des clients aux États-Unis est évoquée par les interviewés. En plus, un accompagnement financier serait important surtout quand elles ont des commandes.

4.1.1.3 Program 3: Power Africa

L'objectif de Power Africa est d'ajouter plus de 30 000 mégawatts (MW) de capacité de production d'électricité renouvelable et plus efficace, ainsi que 60 millions de nouvelles connexions résidentielles et commerciales en Afrique. Power Africa a été lancé en 2013, réunissant des experts techniques et juridiques, le secteur privé, les dirigeants politiques et les institutions financières du monde entier pour travailler en partenariat afin de surmonter la crise énergétique en Afrique et d'accroître le nombre de personnes ayant accès à l'électricité.

– Approche de Power Africa

L'approche de Power Africa est bien adaptée à la situation de l'Afrique Sub-Saharienne et en particulier celle de la Côte d'Ivoire. Elle combine le gouvernement comme autorité de régulation, le secteur privé, générateur des investissements, les consommateurs domestiques et commerciaux en agissant sur les aspects ci-après :

– **focalisation sur les transactions** : en Afrique subsaharienne, un projet énergétique peut être bloqué pour diverses raisons. En s'attaquant aux obstacles qui entravent le progrès d'un accord particulier, Power Africa crée un effet d'entraînement pour les autres accords confrontés à des problèmes similaires dans le pays ;

– **sur terrain** : les conseillers des pays d'Afrique de Power Africa identifient les solutions techniques, financières et politiques nécessaires pour accélérer l'accès à l'électricité par les collectivités locales, dans les grandes villes et des pools énergétiques régionaux. Ils travaillent en étroite collaboration avec des partenaires pour fournir et mettre en œuvre ces solutions ;

– **réduire et combler l'écart et le déficit de financement** : le financement nécessaire pour l'électrification de l'Afrique subsaharienne dépasse de loin les financements disponibles des gouvernements africains et des donateurs étrangers. L'objectif est de réduire les risques liés aux investissements afin que les investisseurs publics et privés financent les projets qui conduisent à des réformes systémiques ;

– **réforme dirigée par l'Afrique** : le secteur énergétique africain ne progressera pas sans réformes politiques et amélioration de la gouvernance. Les équipes de Power Africa travaillent avec les gouvernements africains pour combler les lacunes critiques en matière de compétences et engager des dialogues diplomatiques menant à des réformes ;

– **aller au-delà du réseau** : les solutions hors réseau constituent souvent le moyen le plus rapide d'accroître l'accès aux communautés les plus vulnérables et les plus éloignées. Avec de nombreux investisseurs et partenaires déterminés à trouver des solutions d'énergie renouvelable à petite échelle et hors réseau, cette collaboration permettra à des millions de personnes d'accéder pour la première fois à une électricité fiable et durable.

– Le Power Africa en CIV

Le programme Power Africa (PA) est aussi méconnu par les cibles de notre enquête.

4.1.1.4 Program 4: Bilateral Investment Treaty

Les accords de libre-échange sont rarement envisageables entre pays développés et pays émergents. Cependant pour construire les bases solides qui mènent vers cette étape de maturité en matière de coopération économique entre les nations, la signature d'un traité bilatéral d'investissement est une étape qui démontre la confiance mutuelle que se font les pays signataires afin de travailler ensemble pour stimuler les investissements publics et privés. Alors que l'AGOA, l'AWEP, le Power Africa et le Build Act dépendent de la décision unilatérale de la Maison-Blanche pour l'éligibilité de la Côte d'Ivoire, il y a cependant le Traité bilatéral d'investissement (TBI) de l'UEMOA[15] qui continue à être juridiquement et diplomatiquement valide depuis sa signature le 24 avril 2003.

– Fondement de Traité bilatéral d'investissement (TBI) américain

Selon le Bureau du représentant commercial des États-Unis, le programme de traité bilatéral d'investissement (BIT) américain aide à protéger l'investissement privé, à élaborer des politiques axées sur le marché dans les pays partenaires et à promouvoir les exportations américaines. Bien que conforme

[15] http://www.jo.gouv.sn/spip.php?article1090 consulté le 01er juillet 2020 à 10 h.

aux prescriptions de l'Organisation mondiale du commerce, les objectifs fondamentaux du programme de traité bilatéral d'investissement (BIT) signé avec les États-Unis ont l'objectif : (i) de protéger les investissements américains dans des pays où leurs droits ne le sont pas par les accords existants (tels que les traités modernes d'amitié, de commerce et de navigation ou les accords de libre-échange) ; (ii) d'encourager l'adoption de politiques nationales axées sur le marché, qui traitent les investissements privés de manière ouverte, transparente et non discriminatoire ; et (iii) de soutenir l'élaboration de normes de droit international conformes à ces objectifs.

Le Traité bilatéral d'investissement (BIT) signé avec les États-Unis offre aux investisseurs six avantages principaux :

– il exige que les investisseurs et les investissements d'un ressortissant ou d'une société tierce incluse dans le traité sur le territoire de l'autre partie soient traités de la même manière que le pays hôte traite ses propres investisseurs et leurs investissements ou ceux des pays tiers. De manière générale, le pays hôte est tenu d'accorder aux investisseurs et investissements d'un ressortissant ou d'une société d'une tierce partie au traité le meilleur traitement possible ou le traitement qui correspond à la « clause de la nation la plus favorisée » depuis l'établissement ou l'acquisition, en passant par la gestion, l'exploitation et l'expansion, jusqu'à la cession ;

– il fixe des limites claires à l'expropriation des investissements et prévoit le versement d'une indemnisation rapide, adéquate et effective en cas d'expropriation ;

– il permet de transférer sans délai les fonds liés aux investissements à destination et en provenance d'un pays hôte et en utilisant un taux de change favorable ;

– il limite l'imposition d'exigences de performance, telles que les objectifs de contenu local ou les quotas d'exportation, en tant que condition préalable à l'établissement, à l'acquisition, à l'expansion, à la gestion, à la réalisation ou à l'exploitation d'un investissement ;

– il donne aux investisseurs sous sa couverture le droit d'engager le personnel de direction de leur choix, quelle que soit leur nationalité ;

– il donne aux investisseurs de chaque partie le droit de soumettre un différend relatif à un investissement avec le gouvernement de l'autre partie à l'arbitrage des tribunaux nationaux et internationaux.

– LE BIT entre les États-Unis et la Côte d'Ivoire

Le programme BIT est pratiquement inconnu par les acteurs et institutions enquêtés : selon le directeur adjoint de l'APEX CI, la Côte d'Ivoire travaille avec le BIT de l'UEMOA. En 2003 ; elle n'a pas signé avec un BIT particulier avec les États-Unis.

Le Gouvernement des États-Unis et l'Union économique et monétaire ouest-africaine ci-après dénommés les « parties »[16] :

1. souhaitant renforcer l'amitié et l'esprit de coopération entre les Parties ;

2. soulignant l'importance des échanges commerciaux et des investissements pour leurs économies ;

3. reconnaissant la nécessité d'un environnement stable et transparent pour les échanges commerciaux et les investissements internationaux ;

---

[16] http://www.jo.gouv.sn/spip.php?article1090. Acces le 20 avril 2020.

4. désireux de développer davantage leurs rapports commerciaux et économiques ;

5 soulignant l'importance de l'économie de marché libre et des initiatives du secteur privé comme source de prospérité, et réaffirmant en outre l'objectif d'encourager les relations d'affaires entre leurs ressortissants, ainsi que d'autres activités pouvant accroître les relations de commerce et d'investissement entre leurs secteurs privés respectifs ;

6. tenant compte de la participation des États-Unis d'Amérique et des États membres de l'UEMOA au système commercial multilatéral de l'Organisation mondiale du commerce (OMC) et constatant en outre que le présent accord ne vienne porter atteinte, ni aux droits et obligations des États, aux termes de l'Accord de Marrakech instituant l'Organisation mondiale du commerce, ni aux accords, ententes et autres instruments s'y rapportant ou conclus sous l'égide de ladite OMC ;

7. reconnaissant que les aspects liés à leurs échanges commerciaux et à leurs investissements doivent être traités d'un commun accord ;

8. reconnaissant d'une part, les avantages pour chacune des parties provenant des échanges commerciaux et investissements, et d'autre part, que les obstacles auxdits échanges commerciaux et investissements priveraient les parties de ces avantages ;

9. reconnaissant le rôle essentiel de l'investissement privé tant national qu'étranger dans l'avancement de la croissance, la création d'emplois, l'accroissement des échanges commerciaux, les progrès techniques et l'essor du développement économique ;

10. reconnaissant que l'investissement direct étranger confère des avantages à chacune des parties ;

11. reconnaissant l'importance accrue des services dans leurs économies ainsi que dans leurs relations bilatérales ;

12. tenant compte de la nécessité de supprimer les barrières non tarifaires afin de faciliter un meilleur accès aux marchés des deux parties ;

13. reconnaissant l'importance de la protection adéquate et efficace des droits de la propriété intellectuelle ;

14. reconnaissant l'importance, pour la prospérité économique des parties, de se diriger vers une voie de l'observation et de promotion des normes de travail fondamentales reconnues au niveau international ;

15. souhaitant assurer une relation nécessaire entre la libéralisation des échanges commerciaux et les politiques générales de protection de l'environnement pour favoriser un développement durable ;

16. considérant enfin qu'il serait d'intérêt mutuel des parties d'établir entre elles un mécanisme destiné à encourager la libéralisation des échanges commerciaux et les investissements.

4.1.1.5 Programme 5 : Build Act

L'AGOA expire en 2025, cependant il y a déjà en place une nouvelle loi américaine pour la coopération économique avec les pays en voie de développement. Il s'agit de « Better Utilization of Investments Leading to DevelopmentAct of 2018 (BUILD Act), en français « Loi de 2018 sur la meilleure utilisation des investissements menant au développement ».

Contexte général

Les détails sur le BUILD ACT[17] émergent progressivement ou ne dévoilent pas le contour de ce changement de politique économique américaine sur le plan international pour deux raisons : contrer l'expansion de l'empire Orient dans les pays en voie de développement et le besoin de mettre sans précipitation une agence de développement qui absorbe certaines prérogatives de l'USAID, de l'OPIC (Overseas Private Insurance Corporation) et de l'EXIM Bank.

La nouvelle USIDFC fusionnera l'OPIC avec certaines fonctions clés de capital privé de l'USAID. L'agence de crédit pour le développement de l'USAID est un de ces outils qui passera 16 2012 U.S. Model Bilateral Investment Treaty[18].

Elle offre des garanties jusqu'à 50 % sur les financements accordés par les banques ou les institutions financières locales des pays en développement à de petites entreprises jugées trop risquées pour les grands acteurs financiers. Un autre outil clé actuellement géré par USAID, qui pourrait être transféré dans la nouvelle USIDFC, est le Bureau des capitaux privés et des microentreprises au sein du Bureau de la croissance économique, de l'éducation et de l'environnement, qui aide les investisseurs privés à se concerter pour des projets de développement stratégique.

Le BUILD ACT établit la Société financière de développement international des États-Unis (TND) afin de faciliter la participation des capitaux et des compétences du secteur privé au développement économique des pays en voie de développement.

---

[17] www.dfc.gov. Consulté le 01 mai 2020.

[18] Retrievedfrom https://ustr.gov/sites/default/files/BIT%20text%20for%20ACIEP%20Meeting.pdf 26 sous l'administration de U.S. International Development Finance Corporation (IDFC).

Le U.S. International Development Finance Corporation (IDFC) sera doté d'un budget de 60 milliards pour :

a) consentir des prêts ou des garanties de prêt en monnaie locale ;

b) fournir une assurance ou une réassurance aux entreprises privées et publiques ;

c) fournir une assistance technique ;

d) administrer des projets spéciaux ;

e) faire des investissements en actions (des prises de participations) ;

f) augmenter la capacité de prendre des risques en utilisant des prêts en monnaie locale, des garanties et l'octroi des subventions ;

g) fournir des prêts à long terme (7 ans).

En dépit des conditions avantageuses que le U.S. International Development Finance Corporation (IDFC) accordera aux pays en voie de développement en termes des capitaux ou de sécurité pour les investissements privés, il convient de noter que les critères de participation ivoirienne à ce programme sont similaires à ceux qui sont soumis aux conditions de l'AGOA.

Ces conditions sont entre autres la bonne gouvernance, la lutte contre la corruption, le respect des normes internationalement reconnues pour les droits des travailleurs, le respect des droits de l'homme, en particulier la protection des femmes contre les violences sexuelles et le travail des enfants mineurs, la protection de l'environnement, la promotion ou le soutien aux entreprises privées, y compris les petites entreprises. La logique de la pensée serait qu'à l'expiration de l'AGOA en

2025, les pays jadis éligibles bénéficieront des avantages du BUILD ACT et les pays non éligibles dans l'AGOA ne pourront accéder à ces avantages qu'après avoir été jugés.

Le Trade Hub

West Africa Trade & Investment Hub financé par l'USAID propose un fonds de co investissment via des subventions dans le cadre du Annual Program Statement(APS).

Le Trade Hub est un projet quinquennal de facilitation du commerce et de l'investissement qui vise à améliorer la compétitivité du secteur privé en Afrique de l'Ouest. Grâce à un Fonds de CoInvestissement de 60 millions de dollars, le Trade Hub fournira un soutien financier et une assistance technique aux entreprises innovantes et impactantes travaillant dans des secteurs stratégiques, notamment l'agriculture, l'habillement, les services, l'énergie et l'Eau Assainissement et Hygiène (WASH). Le programme vise à attirer en cinq ans 300 millions de dollars d'investissements du secteur privé à travers l'Afrique de l'Ouest, notamment le Nigéria, le Sénégal, le Ghana, la Côte d'Ivoire, le Burkina Faso, le Niger et d'autres États membres de la CEDEAO. Le Trade Hub créera également 40 000 nouveaux emplois et augmentera les exportations régionales et internationales, en particulier vers les États-Unis dans le cadre de la Loi sur Croissance et les Opportunités en Afrique (AGOA).

Les priorités du Trade Hub pour la région comprennent :

• des activités qui contribuent à des créations d'emplois, aux exportations et des investissements à grande échelle, en particulier avec des liens solides démontrés ou potentiels avec des entreprises, des investisseurs ou des fournisseurs américains ;

• des activités susceptibles d'engager un grand nombre de petits exploitants et / ou de petits producteurs dans les chaînes d'approvisionnement régionales, l'habillement ou d'autres secteurs non agricoles avec des modèles commerciaux et des activités capables d'améliorer les réseaux d'entreprises existants ;

• des activités qui favorisent l'autonomisation des femmes et des jeunes ;

• des activités introduisant des innovations pour moderniser les réseaux d'entreprises afin d'améliorer la productivité et la qualité globale.

Les Principaux Indicateurs du Trade Hub sont :

• valeur des exportations des produits agricoles et non agricoles ciblés ;

• valeur des nouveaux investissements en capital du secteur privé dans les secteurs agricoles et non agricoles ciblés ;

• valeur des nouvelles ventes de produits agricoles et non agricoles ciblés ;

• nombre de nouveaux emplois créés ;

• valeur des ventes annuelles ;

• pourcentage de femmes participantes ayant un accès accru à des ressources économiques productives ;

• pourcentage de jeunes participants (15-29 ans) ayant un accès accru à des ressources économiques productives ;

• nombre de technologies ou de pratiques de gestion en cours de recherche, d'essais sur le terrain ou mises à disposition pour transfert ;

• valeur des ressources privées et autres ressources publiques non américaines mobilisées ;

• nombre de clients bénéficiant de services financiers, y compris les institutions ou acteurs non financiers.

Build act en CIV

Le programme **Build act** est également méconnu par les cibles de notre enquête.

4.2 Discussion des résultats

4.2.1 Tests des hypothèses

4.2.1.1 Hypothese 1

Hypothèse 1 : *la mise en œuvre des programmes de commerce en Côte d'Ivoire se traduit par une augmentation significative des exportations.*

Au regard des résultats de la recherche, l'hypothèse 1 est **confirmée.**

– le programme AGOA

Selon le directeur général adjoint de l'APEX CI, M. Amangoua : « la stratégie nationale AGOA fonctionne et a deux aspects. Il y'a l'aspect institutionnel lié à la relation bilatérale qui existe entre la Côte d'Ivoire et les États-Unis ; et le deuxième aspect, c'est sur l'aspect commercial. Sur ce point, nous sommes aujourd'hui à hauteur de 1,162 milliard dollars à peu près 500 à 600 milliards de FCFA «. En plus, selon M. Jean Marie Ackah[19] (2019) président de la CGECI a confirmé cette

[19] Interview réalisée par le magazine « La Tribune du Patronat n° 025 – Août septembre 2019 – Confédération Générale des Entreprises de Côte d'Ivoire ». www.cgeci.com. Consulté en avril 2020 à 10 h. Disponible sur cgeci.com/wp-content/upload/2019/10/webTDP-CGECI-N25.pdf

hypothèse : « selon les données officielles, ce partenariat commercial (AGOA) a suscité un accroissement de 500 % des exportations africaines en général et ivoiriennes en particulier aux États-Unis ces dix dernières années et a créé près de 1,3 million d'emplois. »

Entre 2001 et 2013, le volume total du commerce bilatéral entre les États-Unis et les pays d'Afrique subsaharienne admissibles à l'AGOA a presque triplé, la part des exportations ne cessant d'augmenter du fait de l'AGOA. En 2008, avant la réduction des flux des échanges entraînée par la crise financière mondiale, le total des échanges avait atteint 100 milliards de dollars : les chiffres agrégés des exportations des pays admis au bénéfice de l'AGOA s'élevaient à 81,9 milliards de dollars. En 2011, les États-Unis importaient des produits des pays bénéficiant du programme d'une valeur d'environ 53,8 milliards de dollars, soit essentiellement, plus de 70 % de toutes les importations américaines en provenance de l'Afrique subsaharienne et en augmentation significative par rapport aux 22,2 milliards de dollars d'importations en 2000.

En 2010, les pays ayant réalisé un bon score sont : le Nigéria qui a totalisé 46 % du commerce des États-Unis avec les pays subsahariens, il est suivi par l'Angola 18,36 % et l'Afrique du Sud 12,64 %. En 2011, le Nigéria a enregistré 45 %, suivi de l'Angola 18,30 % et l'Afrique du Sud 12, 67 %. Ces trois pays ont réalisé plus de la moitié du commerce américain avec les pays subsahariens en 2010 et 2011.

Analyse de la concurrence des autres pays éligibles à l'AGOA

Afin de mieux discuter de la stratégie nationale AGOA Côte d'Ivoire, il est indispensable de compléter le diagnostic par une analyse détaillée de la concurrence des autres pays éligibles à l'AGOA, et ce, par rapport aux produits des filières et secteurs prioritairement sélectionnés, pour en faire la promotion dans le cadre de ladite stratégie. Toutefois, cette analyse se limitera à un nombre de produits d'exportation Ivoiriens non traditionnels.

– La noix de cajou

Les besoins en noix de cajou des États-Unis ont représenté en 2011 un marché de 104 774 tonnes pour une valeur de 642 416 250 d'euros. En ce qui concerne l'origine des importations américaines de noix de cajou, le marché américain en 2011 a été approvisionné pour 45.3 % de ses besoins par le Viet Nam, 34.8 % par l'Inde, 15 % par le Brésil.

On peut noter que, globalement les pays africains sur ce marché assurent une faible couverture des besoins des États-Unis. En 2011, cette couverture était respectivement de 1 % pour le Mozambique, 0.6 % pour la Côte d'Ivoire, 0.5 % pour le Nigéria, 0.4 % pour le Kenya, 0.3 % pour la Tanzanie et 0.2 % pour le Ghana. Le Viet Nam, l'Inde et le Brésil représentent les principaux pays fournisseurs de noix de cajou aux États-Unis et couvrent à eux seuls 95 % les besoins du marché américain en noix de cajou.

Tableau 6 : Part des exportations de noix de cajou des pays fournisseurs en % des valeurs (2007-2011)

Exportateurs	2007	2008	2009	2010	2011
USA	100	100	100	100	100
Viet Nam	35,2	40,6	42,1	49,2	45,3
Inde	35	36,5	28,9	26,6	34,8
Brésil	25,2	18	24	18,5	15
Mozambique	0,2	0,3	0,7	1,3	1
Thaïlande	0	0	0,5	0,7	0,9
Indonésie	1,7	1,8	1,1	1	0,8
Côte d'Ivoire	0,1	0,2	0,4	0,5	0,6
Nigéria	0,2	0,4	0,5	0,5	0,5
Kenya	0,1	0,3	0,2	0,3	0,4
République-Unie de Tanzanie	1,7	1,5	1	0,8	0,3
Ghana	0	0	0	0,1	0,2
Chine	0	0,1	0,2	0,2	0,2
Burkina Faso	0	0	0	0	0,1

Source : Calculs du CCI sur la base des statistiques de UN COMTRADE

– Le beurre de karité

Les principales origines du beurre de karité importé aux États-Unis sont, le Ghana, le Togo, le Nigéria, le Sénégal et la Côte d'Ivoire. Sur ce marché, le Ghana reste le premier pays fournisseur de beurre de Karité et est passé de 147 tonnes en 2010 à 277 tonnes en 2011, il est suivi par le Togo. Ces deux pays sont présents de façon constante sur le marché américain du beurre de karité (voir le tableau ci-après).

Tableau 7 : Importations de beurre de karité par les États-Unis (En milliers de $ US)

Exportateurs	2007		2008		2009		2010		2011	
	Valeur Export	Quantité export. (T)	Valeur exportée	Quantité export (T)	Valeur exportée	Quantité export (T)	Valeur exportée	Quantité export (T)	Valeur exportée	Quantité export (T)
Ghana	153,2	77	214,09	109	241,64	137	317,04	147	474,57	277
Togo	40,85	29	21,07	13	81,74	28	67,78	20	80,41	40
Nigéria	0	0	0	0	0	0	8,28	4	5,74	10
Sénégal	0	0	0	0	0	0	0	0	3,59	4
Côte d'Ivoire	18,24	10	6,8	8	4,3	5	6,02	4	0	0
Burkina Faso	7,3	1	58,45	16	12,91	3	3,01	1	0	0

Source : Calculs du CCI sur la base des statistiques de UN COMTRADE

– Contraintes et opportunités des entreprises ivoiriennes exportatrices sur le marché américain

Suite à l'entretien avec certains acteurs (exportateurs, structures d'appui au commerce, organes d'administration de l'AGOA en Côte d'Ivoire, etc.) impliqués dans l'exportation des produits et désireux d'exporter sur le marché américain, un nombre de contraintes et d'opportunités a été recensé relativement au marché américain, il s'agit entre autres de :

Contraintes :

- faible connaissance du marché américain ;
- accès difficile au marché ;
- coût élevé du transport des produits ;
- méconnaissance des produits à exporter ;
- méconnaissance de la réglementation, de la documentation et des procédures ;

• non-maîtrise des opérations de financement du commerce avec les États-Unis ;

• problème d'approvisionnement en matières premières ;

• problème de capacités de production ;

• difficulté d'obtention de visas et manque de moyens pour participer aux rencontres promotionnelles aux États-Unis ;

• insuffisance d'infrastructures d'appui à l'exportation (laboratoire d'analyses, instruments et services métrologiques de qualité, etc.) ;

• manque de services d'appui techniques (normes, standards, prescriptions) ;

• manque d'incitations pour l'exportation ;

• inexistence de répondants (agents) aux États-Unis ;

• etc.

Analyse des forces, faiblesses, opportunités et menaces (ffom) pour l'accès au marché américain

Les développements ci-dessus faits, ont permis de faire une analyse des forces, des faiblesses, des opportunités et des menaces (FFOM), pour l'accès des produits et exportateurs ivoiriens au marché américain afin de tirer meilleur profit des avantages accordés par l'AGOA. Cette analyse se résume dans le tableau ci-après :

Tableau 8 : Analyse FFOM de la stratégie nationale d'utilisation de l'AGOA en Côte d'Ivoire

Faiblesses	Forces
– Méconnaissance des dispositions réglementaires et techniques en matière d'exportation des produits ivoiriens vers les États-Unis et/ou le régime AGOA ; – Barrières linguistiques ; – Ignorance pour certains et difficultés pour d'autres opérateurs économiques des procédures d'exportation des produits ; – Offre faible et peu diversifiée des produits d'exportation ; – Existence de barrières non tarifaires ; – Faible productivité des cultures traditionnelles et non traditionnelles d'exportation ; – Moyens et équipements peu performants de beaucoup d'entreprises ; – Méconnaissance des opportunités du marché américain ; – Absence de mécanisme ou de stratégie de communication sur les procédures relatives à l'exportation des produits et sur les opportunités du marché américain ; – Inexistence d'un Système d'Information et de Management tourné vers le marché américain ;	– Existence des Ports Autonomes d'Abidjan et de San Pédro en eau profonde, bien adaptés au transport de produits pondéreux et bien expérimentés ; – Existence d'un aéroport moderne et de classe internationale et des aérodromes régionaux ; – Position stratégique du hub logistique de la sous-région ; – Infrastructures et corridors routiers ; – Richesse du sous-sol ivoirien en minerais exportables ; – Conditions agroclimatiques du pays favorables à la production agricole ; – Existence d'une politique nationale de développement du commerce ; – Existence d'une politique active de développement agricole ; – Existence d'une stratégie de modernisation du secteur minier extractif ; – Existence d'unités de transformation de coton et d'une industrie vestimentaire ;

Faiblesses	Forces
– Faible valorisation des ressources (agro – Sylvio pastorale, minière ; artisanat, etc.) ; – Unités de transformation de produits agricoles sont traditionnelles, artisanales et de petite taille ; – Entreprises exportatrices du secteur minier et extractif sont peu nombreuses ; – Les produits exportés de la filière artisanale sont peu nombreux ; – Faible industrialisation ; – Industrie textile vétuste et inopérante ; – Faible organisation des filières productives ; – Faible compétitivité des produits exportés ; – Absence de stratégie efficace pour la conquête de marchés américains ; – Faible maîtrise des techniques de commercialisation ; – Problème ou difficultés d'obtention de visas ;	– Côte d'Ivoire, pays de transit et de réexportation ; – Main-d'œuvre abondante ; – Existence de structures d'appui intervenant dans le domaine du commerce ; – Présence d'organisations professionnelles ayant pour mission la promotion de leurs membres (CCICI, CGECI ; APEX-CI, Chambres d'agriculture, Chambres de métiers, Groupements d'entreprises, associations professionnelles, etc.) ; – Existence d'une politique de l'artisanat ; – Existence de cadres de concertation publique/privée sur les questions de l'environnement des affaires ; – Existence d'une expérience en matière d'exportation sur le marché américain (Beurre de karité, etc.) ; – Existence de programmes et d'institutions de promotion du commerce et des investissements avec les États-Unis (Ambassade d'Amérique, USAID, OPIC, etc.) ; – Existence d'interprofessions pour certaines filières agricoles ;

Opportunités	Menaces
– Existence d'une stratégie de développement des agropoles ; – Existence d'une expérience et d'un patrimoine d'industrie textile ; – Existence d'un cadre d'échanges, de discussions et d'évaluation de l'AGOA, les « Fora annuels AGOA » ; – Existence d'une demande américaine forte et diversifiée ; – Marché Bio américain ; – Commerce équitable en développement aux USA ; – Accès aux informations relatives à l'exportation des produits sur le marché américain (Point focal AGOA pays, Bureau national AGOA ; etc.) ; – Intégration régionale (UEMOA, CEDEAO) ; – Mise en route d'une mise en place d'un laboratoire d'analyse alimentaire de classe internationale ; – Infrastructures et corridors routiers.	– Forte concurrence des pays environnants en matière d'exportation des produits traditionnels et non traditionnels ; – Forte concurrence de pays environnants en matière de promotion de commerce extérieur (Foires, salons, expositions, etc.) ; – Forte concurrence des autres pays éligibles à l'AGOA ; – Exigences strictes en conformité aux normes et standards et aux règles d'origine sur le marché américain ; – Forte capacité de production des USA de certains produits similaires et substituables (café, cacao, coton, céréales, etc.) ; – Courte durée pour la fin du régime préférence de l'AGOA « 2025 » ; – Risque d'instabilité de l'éligibilité des pays à l'AGOA.

Source : données issues de la recherche

– Le programme AWEP

Sur la période 2012-2017, 6 % des femmes exportatrices membres du réseau AWEP Côte d'Ivoire d'après la vice-présidente, Mme Abrogoua, ont vu leur exportation augmenter sous l'AGOA. Ce chiffre est relativement encourageant dans l'Afrique francophone vu les obstacles structurels auxquels sont confrontées les femmes. Les représentantes AWEP des pays tels que le Togo, la Côte d'Ivoire, le Sénégal ont égrené les mêmes difficultés d'ordre institutionnel, d'ordre financier, d'ordre linguistique.

– Le Program Power Africa

Les résultats des enquêtes auprès des interviewés ont montré une méconnaissance de ce programme de commerce. Nos analyses documentaires ont par contre montré une mise en œuvre du programme à travers des investissements directs des multinationales américaines dans le secteur énergétique en Côte d'Ivoire.

4.2.1.2 Hypothèse 2

***Hypothèse 2** : L'adoption d'accords préférentiels européens et chinois par la Côte d'Ivoire exerce une pression compétitive sur sa capacité à tirer pleinement profit des programmes de commerce américain.*

Au regard des résultats de la recherche, l'hypothèse 2 est **confirmée.** D'après certains enquêtés du ministère de la Femme, de la Famille et de l'Enfant, en termes de classement sur l'aspect plein profit tiré des accords préférentiels américains vs UE et Chine, les États-Unis viennent en 1er, ensuite en 2e l'UE et la Chine vient en 3e toutefois avec une montée en puissance de cette dernière sur la période d'étude.

4.2.1.2.1 Modèle de coopération entre la Côte d'Ivoire et la Chine

4.2.1.2.1.1 Revue de la coopération entre la Chine et la Côte d'Ivoire

4.2.1.2.1.1.1 Genèse des relations

La Côte d'Ivoire a tissé depuis son accession à la souveraineté internationale en 1960 de solides relations extérieures. Dès le départ, la diplomatie ivoirienne s'est inscrite dans une relation privilégiée avec la France et la dimension personnelle, longtemps incarnée par M. Houphouët-Boigny, dans le partenariat franco-ivoirien. Sur la période 1960-1990, phase de stabilité politique, de sécurité extérieure et de croissance économique, la Côte d'Ivoire a pu s'affirmer comme une véritable puissance régionale avec une diplomatie bien réussie, incarnée par le Président Houphouët-Boigny et caractérisée par une coopération fructueuse et étroite avec la France.

Cette diplomatie qui, pendant des décennies, avait axé ses efforts au développement et au renforcement des relations avec l'Occident, s'est, depuis quelques années, ouverte sur l'Asie notamment les pays d'Asie du Sud-Est. Les pays de cette zone géographique, aux conditions géographiques, géologiques et climatiques parfois semblables à celles de la Côte d'Ivoire ont réussi à poser les jalons de leur développement, de la coopération Sud-Sud par le partage des expériences et des connaissances, le transfert de technologie et l'ouverture de leurs marchés.

La Côte d'Ivoire, qui essaie de se frayer un chemin vers le développement, semble vouloir s'inspirer de ces modèles. Aussi, s'efforce-t-elle, de plus en plus, de mettre un accent particulier sur la coopération avec l'Asie aux plans bilatéral et multilatéral. Cette attitude est la résultante d'une coopération avec l'Occident assortie de beaucoup de conditionnalités jugées inadaptées aux réalités de la Côte d'Ivoire.

Au plan bilatéral, la Côte d'Ivoire a noué des relations diplomatiques avec 11 pays asiatiques avec nomination d'Ambassadeurs résidant ou non résidant dans ces pays qui sont le Japon, la République Populaire de Chine, la République de Corée, la République populaire démocratique de Corée, l'Inde, Singapour, la Thaïlande, la Philippine, le Brunei – Darussalam, l'Indonésie et la Malaisie.

Au plan multilatéral, la Côte d'Ivoire participe régulièrement aux rencontres entre l'Afrique et l'Asie dont :

– la conférence de Tokyo sur le développement de l'Afrique (TICAD);

– la conférence Asie-Afrique de Bandung (Indonésie);

– la conférence ministérielle des pays du Techno-Economic Approach for AfricaIndia ;

– movement (Team 9) ;

– le forum Chine-Afrique.

La création d'un département Afrique-Asie au ministère des Affaires étrangères témoigne de la bonne coopération entre la Côte d'Ivoire et l'Asie.

Concernant la Chine, les relations diplomatiques entre la Côte d'Ivoire et ce géant asiatique ont commencé timidement le 1er mars 1983. C'est sous le règne du deuxième président ivoirien, Henri Konan Bédié que la coopération va prendre de l'ampleur. Cette coopération va se renforcer davantage sous le règne de Gbagbo Laurent après les élections calamiteuses suivies de la rébellion. En effet, le camp présidentiel dans la crise ivoirienne n'a pas apprécié la position de la France soutenue par ses partenaires occidentaux dans la gestion de la crise. Les autorités d'Abidjan considérant le parti pris de la France et son soutien à la rébellion semblent se tourner vers les pays asiatiques dont la Chine.

4.2.1.2.1.1.2 Relations diplomatiques

La coopération entre la Côte d'Ivoire et la Chine s'est progressivement renforcée depuis l'établissement de leurs relations diplomatiques qui date du 1er mars 1983 avec l'ouverture de l'Ambassade de la République populaire de Chine à Abidjan suivie de l'ouverture de l'Ambassade de la République de Côte d'Ivoire à Beijing.

Sur le **plan multilatéral**, la Côte d'Ivoire a participé à toutes les rencontres organisées dans le cadre du Forum de coopération sino-africaine, entre autres des réunions se sont tenues à Pékin en Chine du 3 au 5 novembre 2006. Cet important sommet a abouti à l'octroi de 40 millions de yuans soit 5 071 200 $ dont les 3/4 sous forme de dons et le reste sous forme de prêts remboursables. Ce sommet a permis de nouer de nombreuses opportunités d'affaires et de signer des accords commerciaux entre les entreprises ivoiriennes et les entreprises chinoises.

Au **plan bilatéral**, outre les nombreux accords signés entre les deux pays, la Chine a livré en 2007 au Gouvernement ivoirien, l'Hôtel des Députés, un hôtel de quatre étoiles à Yamoussoukro, ce qui constitue un acte majeur de coopération sino-ivoirienne. Il a été exécuté comme prévu dans les accords la construction de la salle de conférence et la réhabilitation des locaux du ministère des Affaires étrangères. Au niveau du perfectionnement des cadres ivoiriens, la Chine offre chaque année une centaine de stages de perfectionnement dans les domaines variés comme l'agriculture, la santé, l'élevage, etc. Il y a lieu de noter l'appui politique dont a bénéficié la Côte d'Ivoire de la part de la Chine tout au long de la crise politico-militaire.

En vue de tirer un meilleur profit de la déclaration de Beijing et du plan d'action 2007-2010, la Côte d'Ivoire a travaillé avec les autorités chinoises en vue d'insérer dans ce plan d'action, des projets de développement réalisables et des mesures concrètes profitables aux populations.

4.2.1.2.1.1.2 Accords et conventions

Différents accords et conventions ont été signés entre les deux États à partir de décembre 1984. On peut distinguer les accords commerciaux, les accords de coopération économique, les accords de coopération scientifique et les accords de coopération culturelle.

Au titre de la coopération commerciale, le premier accord ratifié le 12 septembre 1985 a été abrogé et remplacé par un nouvel accord le 08 juillet 1996. Un nouvel accord commercial a été signé en mars 2002.

Les accords de coopération économique portent essentiellement sur le développement agricole (accord du 14 décembre 1988), sur l'échange de Notes entre la Fédération nationale des Femmes chinoises et le ministère de la Promotion de la femme de Côte d'Ivoire, concernant un programme d'envoi d'experts chinois en Côte d'Ivoire, pour la formation de femmes ivoiriennes aux techniques de la broderie (7 juin 1993 à Abidjan), sur l'exploitation de minerais (gisement de manganèse de Lauzoua, sous-préfecture de Guitry, 18 janvier 2003 à Beijing), sur l'aide financière en septembre 2003 à Abidjan (prêt consenti par le gouvernement chinois au gouvernement ivoirien), sur la coopération technique (23 décembre à

Abidjan), le partenariat privé (Accord-cadre de Coopération économique, commerciale, industrielle et technique, signé entre le «Club des Hommes d'affaires du Centre de Commerce international «d'Abidjan et la «China Tianjin International Economic and Technical Cooperative Corporation» de Tianjin le 8 décembre 1988 à Tianjin; convention de coopération entre l'Association pour la Promotion des Exportations en Côte d'Ivoire (APEXCI) et le Centre de Promotion du Commerce international chinois le 16 mai 2002 à Beijing et la Convention de Coopération entre l'APEXCI et l'Association internationale de Coopération économique de Chine le 2 août 2006).

Il n'a été possible d'analyser le contenu des différents accords, vu que les textes physiques n'ont pu être mis à notre disposition.

Au niveau de la coopération scientifique, trois accords ont été signés en 1988, 1991 et 1992. Il s'agit respectivement des accords de coopération scientifique et technique, de coopération dans le domaine de l'enseignement supérieur et de l'accord interuniversitaire entre l'Université de Nanjing (Nankin) et l'Université Nationale de Côte d'Ivoire.

Enfin dans le domaine culturel, 2 accords ont été signés en 1992 (accord de jumelage conclu entre Abidjan et Tianjin, et entre Abengourou et Ezhu (province de Hebel).

L'amélioration des rapports entre la Côte d'Ivoire et la Chine, même dans la période de guerre a été la résultante de ces accords multiples. Il va s'en suivre différentes actions chinoises en Côte d'Ivoire dont des actions d'investissement, des actions commerciales, l'assistance chinoise à la Côte d'Ivoire en termes d'aide au développement. Ces différentes actions vont être analysées une à une dans la suite de cette recherche.

Les relations entre la Chine et la Côte d'Ivoire se sont nettement améliorées au cours des dernières années. Sur le plan commercial, les flux des exportations et des importations ont fortement augmenté, mais le solde commercial reste négatif. Ce qui crée un désavantage pour la Côte d'Ivoire dont une conséquence peut être à terme la domination qui pourrait résulter de cette coopération. Des interférences en termes de compétitivité économiques pourraient naître et affecter négativement l'économie ivoirienne comme par exemple la perte de valeur ajoutée et le manque de création d'emplois lié à l'exportation de matières premières brutes. Enfin, la qualité des produits importés de la Chine n'inspire pas toujours confiance vu que les normes en matière de traçabilité ne sont pas respectées lorsqu'il s'agit pour les pays asiatiques comme l'Inde et la Chine d'exporter leurs productions vers les pays en développement.

Des différents entretiens avec les structures en rapport direct avec les agents économiques chinois, il ressort que dans bien de cas les produits chinois très compétitifs (produits manufacturés bon marché) ne sont que des rejets des productions devant être exportés vers l'Occident dont le respect des normes de traçabilité est une condition primordiale d'accès au marché. Ainsi, les produits de qualité inférieure compte tenu de l'absence de normes sont les plus exportés vers les pays africains. Cela crée un préjudice énorme aux consommateurs de ces produits qui la plupart des cas ne jouissent pas pleinement des produits achetés sur une longue période malgré la compétitivité de ces produits. Il est également à souligner le refus de la Chine de signer la convention internationale sur la lutte contre la contrefaçon.

Au niveau de l'investissement, il est à mentionner que dans bien de cas, l'investissement chinois en Côte d'Ivoire n'est pas assorti de création importante d'emplois, car la main-d'œuvre qualifiée est importée directement de la Chine. De même, les intérêts de la Côte d'Ivoire divergent de ceux de la Chine. Cette réalité au plan pratique a handicapé la réalisation de certains projets d'investissement en Côte d'Ivoire. À cela s'ajoute la divergence des méthodes de travail. Néanmoins, l'intervention chinoise a entraîné la réduction à la baisse du coût de l'investissement public surtout au niveau des grands travaux.

Au total à tout point de vue et au-delà des dons et des prêts à des conditions très profitables à la Côte d'Ivoire, la Chine sort gagnante de cette coopération bilatérale. Elle peut compter sur la Côte d'Ivoire pour se ravitailler en pétrole et autres matières premières comme le coton brut, le cacao et bien d'autres produits. On peut constater que les exportations de coton et de pétrole de la Côte d'Ivoire vers la Chine ont fortement augmenté ces dernières années. La Chine peut donc compter sur la Côte d'Ivoire pour avoir accès à l'exploitation de différents gisements dont regorge le pays et pour décrocher des marchés importants dans les bâtiments et travaux publics au détriment de la France qui est le partenaire naturel de la Côte d'Ivoire. En revanche on mentionne au niveau politique les actes posés par la Chine dans le dénouement de la crise ivoirienne et la tentative de fragilisation du gouvernement ivoirien en faveur de la rébellion ivoirienne à travers les résolutions proposées par la France au Conseil de sécurité de l'ONU. Globalement, l'intervention de la Chine dans l'économie ivoirienne a beaucoup favorisé la réduction de la dépendance à l'égard de la France. Mais, si les positions de la Chine ont été en faveur du gouvernement ivoirien, différentes interprétations ont été faites selon les bords politiques des citoyens. Dans une telle situation, il est difficile de se prononcer sur la qualité de cette attitude chinoise en Côte d'Ivoire. La grande question est dès lors de savoir si le partenariat a profité seulement au pouvoir en place ou à toute la population ivoirienne.

Finalement le grand bénéficiaire de cette coopération reste la Chine qui à travers sa stratégie de pénétration docile arrive à élargir ses partenariats en Afrique et dans les pays en développement de façon générale. On pourrait affirmer que la Côte d'Ivoire comme les autres pays en développement est loin de trouver la stratégie efficace pour profiter de l'expérience de ce géant asiatique. En effet, le transfert de technologie dont rêvaient tant les pays africains demeure un tabou, car les Chinois viennent et réalisent leurs investissements avec la main-d'œuvre qualifiée chinoise. Les seules créations d'emplois concernent la main-d'œuvre banale.

Ainsi, pour bénéficier de la coopération, la Côte d'Ivoire doit-elle imposer des exigences à ses partenaires comme par exemple un transfert réel de technologie avec l'utilisation de la main-d'œuvre qualifiée locale. Ces exigences sont importantes d'autant plus que la Côte d'Ivoire est en voie de devenir un pays pétrolier et la Chine a tout à gagner en renforçant sa coopération avec la Côte d'Ivoire. Et comme les pays n'ont pas d'amis, mais des intérêts, il est nécessaire que les profits de cette coopération soient visibles. Une autre exigence est l'accès de nos produits manufacturés au marché chinois. Ce qui impose une certaine compétitivité de nos économies et la diversification de nos produits d'exportation qui ne doivent plus être que des matières premières. Telles sont les conditions pour que la coopération profite véritablement à toute l'économie et pas seulement au pouvoir en place qui arrive à se passer des partenaires naturels qui sembleraient devenir encombrants.

Débutées en 1983, les relations économiques entre la Côte d'Ivoire et la Chine se sont améliorées progressivement avec la signature de plusieurs conventions et accords de partenariats économiques, culturels et scientifiques. Le soutien de la Chine au développement de la Côte d'Ivoire s'est manifesté à travers plusieurs dons et prêts sans intérêts.

4.2.1.2.1.1.4 Le commerce entre la Chine et la Côte d'Ivoire

La Chine est le 3e exportateur et importateur mondial derrière les États-Unis et l'Allemagne. Premier importateur du continent africain avec 10 % des importations, rang qu'occupait l'Allemagne, la Chine a amélioré ses rapports commerciaux avec la Côte d'Ivoire surtout à partir de l'année 2003. Nous analyserons successivement les exportations de la Côte d'Ivoire vers la Chine, les importations de la Côte d'Ivoire vers la Chine et la balance commerciale entre les deux pays.

Les exportations de la Côte d'Ivoire vers la Chine

Après une évolution croissante en valeur de 1995 à 1998, les exportations ivoiriennes à destination de la République Populaire de Chine ont enregistré une baisse sensible de 1999 à 2002 avant de connaître une hausse importante entre 2003 et 2006. Le niveau des exportations est passé de 7 108 582 $ en 1995 à 19 936 $ en 1998. En 2000, les exportations ont atteint le niveau le plus bas avec 3 389 283 $. Cette détérioration peut s'expliquer par la première crise politique en Côte d'Ivoire. En 2002, la Côte d'Ivoire connaît la deuxième crise politique, mais cette situation paradoxalement a coïncidé avec l'accroissement brutal des exportations de la Côte d'Ivoire vers la Chine. On note que le niveau des exportations en 2003 s'est situé à 62 300 000 $.

Malgré une amélioration des relations commerciales entre les deux pays, la Côte d'Ivoire demeure un partenaire mineur de la Chine avec un poids de 1,31 % par rapport à l'exportation de la Côte d'Ivoire vers le reste du monde. En plus les exportations ivoiriennes vers la Chine sont composées essentiellement de produits agricoles. On estime à 92 % la proportion de produits agricoles dans les exportations de la Côte d'Ivoire vers la Chine.

Comparativement aux autres partenaires, le tableau ci-dessous montre que les principaux restent la France, les Pays-Bas, le Nigéria et les États-Unis. La Chine n'occupe que la 15e place dans les exportations de la Côte d'Ivoire. Par contre, la Côte d'Ivoire est le plus grand exportateur des pays de l'UEMOA vers la Chine en 2005 selon les recherches documentaires.

4.2.1.2.1.1.5 Les investissements de la Chine en Côte d'Ivoire

Selon Thierry Pairault (2020), le stock chinois d'Investissements Directs Etrangers (IDE) serait supérieur de quinze milliards d'euros au stock italien, mais serait inférieur d'un milliard d'euros à celui du Royaume-Uni, inférieur de quatre milliards d'euros à celui des États-Unis et de seize milliards d'euros à celui de la France[20].

Le tableau ci-dessous montre qu'en Côte d'Ivoire, la Chine est le deuxième investisseur en termes d'IDE.

[20] Thierry Pairault. Investissements en Afrique : La Chine et les « partenaires traditionnels ». 2020. ffhalshs-02453915.https://halshs.archives-ouvertes.fr/halshs-02453915/document

Tableau 9 : Pays destinataires et principaux pays investisseurs

Pays destinataires	Pays investisseurs (par l'importance de leur stock d'IDE en 2017)					
	1er	2e	3e	4e	5e	6e
Afrique du Sud	Royaume-Uni	Chine	États-Unis	Allemagne	France	Italie
Algérie	Italie	États-Unis	France	Chine	Allemagne	Royaume-Uni
Angola	France	Chine	États-Unis	Italie	Allemagne	Royaume-Uni
Congo	France	Chine	États-Unis	Italie	Royaume-Uni	Allemagne
Congo (RDC)	Chine	France	Allemagne	États-Unis	Italie	Royaume-Uni
Côte d'Ivoire	France	Chine	Italie	Allemagne	Royaume-Uni	États-Unis
Égypte	États-Unis	Italie	France	Allemagne	Chine	Royaume-Uni
Éthiopie	Chine	Allemagne	États-Unis	France	Royaume-Uni	Italie
Ghana	France	États-Unis	Chine	Royaume-Uni	Allemagne	Italie
Guinée	Chine	Italie	France	États-Unis	Royaume-Uni	Allemagne
Kenya	Chine	France	Royaume-Uni	États-Unis	Allemagne	Italie
Madagascar	Chine	Italie	Allemagne	Royaume-Uni	France	États-Unis
Maroc	France	Italie	Allemagne	États-Unis	Chine	Royaume-Uni
Maurice	États-Unis	Royaume-Uni	France	Chine	Allemagne	Italie
Mozambique	Chine	États-Unis	Royaume-Uni	Italie	Allemagne	France
Namibie	Chine	Allemagne	Italie	Royaume-Uni	France	États-Unis
Niger	France	Chine	Italie	Royaume-Uni	Allemagne	États-Unis
Nigéria	France	États-Unis	Chine	Italie	Allemagne	Royaume-Uni
Ouganda	Chine	Royaume-Uni	États-Unis	Allemagne	Italie	France
Sénégal	France	Chine	États-Unis	Allemagne	Italie	Royaume-Uni
Soudan	Chine	Italie	France	États-Unis	Allemagne	Royaume-Uni
Tanzanie	États-Unis	Chine	France	Royaume-Uni	Allemagne	Italie
Tunisie	Italie	France	États-Unis	Allemagne	Chine	Royaume-Uni
Zambie	Chine	Royaume-Uni	France	États-Unis	Italie	Allemagne
Zimbabwe	Chine	France	Royaume-Uni	États-Unis	Italie	Allemagne

Source : Thierry pairault 2020

En 2018, dix-huit accords de partenariat pour un montant global de 3,4 milliards de dollars américains (1900 milliards de FCFA) ont été signés entre la Côte d'Ivoire et la Chine à l'occasion de la visite du président ivoirien, Alassane Ouattara, en Chine.

La Chine grâce à sa firme sino-hydro, a construit le barrage de Soubré et de Gribo popopli dans le sud-ouest de la Côte d'Ivoire. Ces deux IDE dans les secteurs énergétiques ont une valeur de 504 milliards levés par Exim bank China[21].

---

[21] http://afrique.le360.ma/cote-divoire/economie/2018/05/16/20944-cote-divoire-apres-soubre-la-chine-construit-le-barrage-de-gribo-popoli-20944.

4.2.1.2.1.1.6 Situation des relations commerciales entre de l'UE et la Côte d'Ivoire

Les pays de l'Union européenne (UE) constituent les principaux des partenaires de la Côte d'Ivoire du point de vue historique. En 2017, selon les Statistiques, le stock d'investissement de l'UE (Groupe de 26) en Côte d'Ivoire s'élève à 2 908 millions d'euros[22]. Selon, le tableau 12, les principaux investisseurs en Côte d'Ivoire sont les pays de l'UE : comme pays investisseur en premier lieu, il y a la France; ensuite, l'Italie est à la troisième position, l'Allemagne est à la quatrième position, et le Royaume-Uni à la cinquième position contre une sixième position des États-Unis. A contrario, la Chine a réussi à se hisser à la deuxième position parmi les principaux investisseurs en Côte d'Ivoire.

Accord de partenariat économique intérimaire entre la Côte d'Ivoire et l'Union européenne

La négociation de l'accord de partenariat économique entre l'Union européenne (UE) et les pays de l'Afrique de l'Ouest a été officiellement lancée le 6 octobre 2003. Elle a été précédée d'une première phase, entre septembre 2002 et septembre 2003 impliquant tous les pays dits ACP (Afrique, Caraïbe et Pacifique)[23]. Par la suite, un long processus de négociation a

---

[22] Thierry Pairault. Investissements en Afrique : La Chine et les « partenaires traditionnels ». 2020. ffhalshs-02453915.https://halshs.archives-ouvertes.fr/halshs-02453915/document

[23] Salif Koné (2018). L'Accord de partenariat économique entre l'Union européenne et l'Afrique de l'Ouest. Leçons d'une négociation. Dans Négociations 2018/1 (n° 29), pages 121 à 141. https://www.cairn.info/revue-negociations-2018-1-page-121.htm?try_download=1

suivi cette première phase. La durée de cette négociation, bien que n'étant pas exceptionnelle en matière de négociations commerciales internationales, apparaît cependant relativement longue (onze ans environ) par rapport à la durée initialement prévue (cinq ans).

L'accord de libre-échange réciproque – l'APE- entre la Côte d'Ivoire et l'Union européenne, conclu en 2008 et ratifié en août 2016, est entré en vigueur le 3 septembre 2016.

En effet, en août 2016, la Côte d'Ivoire a ratifié l'accord intérimaire de partenariat économique (APE) avec l'Union européenne (UE). L'accord avait été approuvé par le Parlement européen en 2009 et est donc en place depuis le 3 septembre 2016. L'APE intérimaire est un accord de commerce et de développement, qui garantit à la Côte d'Ivoire le libre accès au marché européen pour les produits ivoiriens, en vue de soutenir la croissance économique par le biais du commerce, des investissements et de l'emploi. L'APE intérimaire établit également un partenariat institutionnel entre la Côte d'Ivoire et l'UE sur les questions commerciales.

Le commerce de la Côte d'Ivoire avec l'UE s'élève à 6.9 milliards d'euros (environ 4500 milliards de francs CFA). L'UE est le principal marché de la Côte d'Ivoire et fournit une grande partie des équipements qui contribuent à sa croissance économique. L'UE soutient également la compétitivité de la Côte d'Ivoire grâce à des programmes de coopération aux niveaux national et régional. La Côte d'Ivoire et l'UE sont activement engagées en faveur de l'APE régional avec l'Afrique de l'Ouest qui, une fois adopté, succédera à l'APE intérimaire[24].

[24] Commission européenne (2017). Accord de partenariat économique intérimaire entre la Côte d'Ivoire et l'Union européenne. Fiche d'information. https://trade.ec.europa.eu/doclib/docs/2017/february/tradoc_155315.pdf

Commerce des marchandises

Les dispositions portant sur le commerce des marchandises concernent :

• l'accès en franchise de droits et sans contingent pour toutes les exportations ivoiriennes vers l'UE, sauf les armes et les munitions ;

• une ouverture asymétrique et progressive de la Côte d'Ivoire à certaines exportations européennes, qui tient compte des différences de niveau de développement entre la Côte d'Ivoire et l'UE ;

• un chapitre sur la défense commerciale contenant des sauvegardes bilatérales qui permettent à chaque partie de réintroduire des droits ou des quotas sur les importations de l'autre partie si celles-ci distordent ou menacent d'altérer son économie ; il existe également des sauvegardes pour la sécurité alimentaire ou la protection des industries naissantes ;

• un chapitre sur les obstacles techniques au commerce ainsi que sur les mesures sanitaires et phytosanitaires (SPS) pour aider les exportateurs ivoiriens à mieux répondre aux normes d'importation de l'UE ;

• un chapitre destiné à la facilitation des échanges commerciaux grâce à des mesures telles que des procédures douanières plus efficaces et une meilleure coopération entre les administrations.

Marchandises libéralisées dans l'APE intérimaire

Grâce à l'APE intérimaire, toutes les exportations de la Côte d'Ivoire vers l'UE entrent sur le marché européen en franchise de droits et sans contingent depuis janvier 2008. En échange, à partir de cette date et sur les 15 années suivantes, la Côte d'Ivoire libéralisera 80 % des importations en provenance de l'UE.

La libéralisation comprend, par exemple, les équipements industriels (pompes, générateurs, turbines, etc.), les tracteurs, ou encore les produits chimiques. Ce sont tous des intrants utilisés par les industries de Côte d'Ivoire qui ne sont pas produits localement. La suppression des droits d'importation sur ces produits permettra de réduire les coûts de production pour les entreprises locales, augmenter leur compétitivité et faciliter l'intégration de la Côte d'Ivoire dans l'économie régionale et mondiale.

Marchandises non libéralisées dans l'APE intérimaire

La Côte d'Ivoire a exclu un certain nombre de produits agricoles et de produits transformés non agricoles de la libéralisation. Il s'agit essentiellement d'assurer la protection des marchés agricoles et des industries sensibles, mais également de maintenir des rentrées fiscales. Par exemple, le poulet congelé et autre viande, les oignons, le sucre, le tabac, la bière, certains ciments et la plupart des textiles sont exclus de la libéralisation. Ainsi, lors de leur entrée sur le marché ivoirien, ces importations continueront à être taxées au taux normal (le Tarif Extérieur Commun de la CEDEAO).

4.2.1.2.2 Hard Power ou l'installation des bases militaires

4.2.1.2.2.1 Installation de bases militaires américaines en CI

• ***Le département de la Défense, acteur de la diplomatie de proximité en Afrique***

Outre la forte coopération entre les départements d'État et de la Défense, la période récente a été marquée par un transfert progressif de certaines responsabilités diplomatiques du département d'État à celui de la Défense. En plus d'une différence de moyens et par conséquent de capacités opérationnelles, l'expérience et la connaissance du terrain par les forces armées – premier interlocuteur entre le gouvernement américain et les responsables locaux –, constituent un atout essentiel du département de la Défense dans la mise en place de programmes et l'entretien des liens avec les autorités locales. De fait, un nombre croissant de responsabilités relevant traditionnellement de la diplomatie et des agences du département d'État sont confiées aux militaires : c'est une des évolutions du Pentagone, qui joue un rôle croissant de relai diplomatique en Afrique en opérant une diplomatie de proximité.

Dans cette perspective, on assiste à un affaiblissement du rôle du département d'État en Afrique, qui émet sa crainte d'assister à une militarisation de la diplomatie, comme en atteste un rapport du département d'État en 2009 : « Les militaires américains plongent dans un vide créé par un manque de ressources affectant le développement traditionnel et la diplomatie publique est également soulignée par le département de la Défense lui-même, qui met l'accent sur le manque de capacités civiles. D'ailleurs, il est important de souligner que le département de la Défense est favorable à une implication plus intense des agences civiles dans la planification des réponses apportées par AFRICOM. »

• ***Le département de la défense, un acteur essentiel de la politique de santé en Afrique***

Le domaine de la santé connaît un intérêt et un investissement soutenus de la part des administrations américaines successives.

La santé est devenue un sujet de fortes préoccupations de l'administration américaine depuis la fin des années 1990, avec la publication de plusieurs rapports du National Science and Technology Council soulignant le développement important de maladies comme le sida ou le paludisme, ainsi que le retour d'infections supposément éradiquées comme la tuberculose.

C'est George W. Bush qui, considérant les maladies infectieuses comme danger pour la sécurité nationale et internationale, a développé le programme majeur en matière de santé : le PEPFAR en 2004, President's Emergency Plan For AIDS Relief, qui reste un levier d'action important de la politique américaine de santé en Afrique, comme l'a reconnu Barack Obama, lors de son discours au Centre africain pour les études stratégiques en 2019.

Enfin, l'administration Obama crée la Global Health Initiative, GHI, en 2010, pour coordonner les différentes initiatives existantes et donner une direction cohérente et un impact plus fort à la politique extérieure de santé américaine.

En parallèle, le champ d'action des acteurs traditionnels de ces programmes de santé, le département d'État et l'USAID, est restreint à des missions plus précises : le département d'État coordonne et finance la plupart des initiatives, et l'USAID se charge de la mise en place de programmes secondaires, comme le CSHGP, Child Survival Health Grant Program[25].

4.2.12.2.2 Installation de bases militaires européennes en CI

La France déploie des forces armées en Côte d'Ivoire depuis 2002. À la suite de l'évolution du contexte sécuritaire, les accords de défense ont été rénovés en 2012. Ils sont adoptés après vote de l'Assemblée nationale ivoirienne en 2014 : la force Licorne est remplacée le 1er janvier 2015 par les forces françaises en Côte d'Ivoire (FFCI).

---

[25] Maya KANDEL (dir.), *La stratégie américaine en Afrique*, Etude de l'IRSEM n° 36, décembre 2014.

Créées le 1er janvier 2015, les forces françaises en Côte d'Ivoire s'inscrivent dans la continuité de l'accord de partenariat de défense de 2012 qui scelle une proximité ancienne entre la France et la Côte d'Ivoire. Les 900 militaires engagés sont chargés de soutenir les opérations dans la zone mais aussi de mettre en oeuvre une coopération militaire avec la République de Côte d'Ivoire et une coopération régionale avec les forces partenaires.

En ce qui concerne le dispositif, entre février-juin 2015 : outre l'EM précurseur, les détachements des essences, du service infrastructure de la défense, de la direction des réseaux et infra télécom (DIRISI) du commissariat arment le soutien des FFCI.

Avec 900 militaires déployés, les forces françaises en Côte d'Ivoire (FFCI) s'articulent autour de quatre emprises principales, essentiellement centrées sur Abidjan :

- le camp dePort-Bouët ;
- l'emprise de La Bourgerie sur l'aéroport d'Abidjan ;
- le détachement d'intervention lagunaire (DIL) à Port-Bouët ;
- le camp bâti LCL Saboret ;
- le complexe de tir de Lomo Nord.

Le 43e BIMa composé d'une compagnie d'infanterie, d'un escadron blindé, d'une compagnie de génie (opérationnel et infrastructure), d'une batterie, d'un détachement cynophile du 132e régiment d'infanterie cynotechnique et du centre médical au profit des FFCI.

Le détachement de l'Aviation légère de l'Armée de terre (DETALAT) se compose, en 2020, de deux hélicoptères Gazelle, deux hélicoptères Puma y ont été temporairement détachés après une décision de 2017.

Avec la normalisation de la situation sécuritaire en République de Côte d'Ivoire, les objectifs qui justifiaient l'engagement militaire français dans le cadre de l'opération Licorne, lancée le 22 septembre 2002, ont été atteints. La France a donc décidé de mettre fin à cette opération le 21 janvier 2015. Pour autant, les armées françaises ne quitteront pas le pays. En effet, des liens très forts unissent la Côte d'Ivoire à la France, liens qui s'expriment notamment à travers un partenariat de défense signé en janvier 2012. De plus, le positionnement géographique de la Côte d'Ivoire, la qualité de ses infrastructures portuaires et aéroportuaires et les capacités de ses emprises font d'Abidjan une plateforme stratégique, opérationnelle et logistique majeure.

Ainsi, en accord avec les autorités ivoiriennes, une force de présence y est créée le 21 janvier 2015 : les «Forces françaises en Côte d'Ivoire (FFCI). Tout en continuant à entretenir la coopération militaire régionale et plus particulièrement bilatérale avec les forces armées ivoiriennes, et à maintenir une présence militaire en mesure d'assurer la protection des ressortissants français, les FFCI constituent : (i) le point d'appui principal des forces de présence françaises sur la façade ouest-africaine ; (ii) un réservoir de force rapidement projetable en cas de crise dans la sous-région. Durant un peu plus de douze ans, dans un environnement complexe, les militaires français engagés dans l'opération Licorne ont assuré la protection des ressortissants et ont participé, en appui de la communauté internationale, à la résolution de la crise politique et humaine qui déchirait la République de Côte d'Ivoire. Agissant souvent au milieu de la population et confrontés à des pics de violence, ils ont toujours montré une grande maîtrise du feu et un remarquable sang-froid. Ils étaient 5 000 au plus fort de la crise, fin 2004. Au cours de ces années, Licorne a conduit 3 évacuations de ressortissants permettant de mettre plus de 11 000 personnes en sécurité. 27 soldats français sont morts au cours de cette opération.

Contexte de l'engagement

La coopération franco-ivoirienne s'appuie sur un accord de défense conclu en août 1961. Cette coopération se concrétise, sur le plan militaire, avec l'arrivée des premiers contingents français et l'implantation des militaires du 43e bataillon d'infanterie de marine (43e BIMa) à Port-Bouët, en juillet 1978. Le 26 janvier 2012, la France et la Côte d'Ivoire ont conclu un accord de partenariat de défense qui rénove la relation entre les deux pays. Au-delà de confirmer les liens d'amitié, cet accord consolide les engagements mutuels dans le domaine de la coopération militaire. Il permet notamment le maintien d'une présence militaire française permanente au-delà de la force Licorne.

Le 19 septembre 2002, après une tentative de coup d'État et le contrôle de plusieurs villes dans le Nord et le centre du pays par des forces rebelles au pouvoir en place, la Côte d'Ivoire connaît une importante dégradation de sa situation sécuritaire. Les forces rebelles occuperont progressivement la moitié nord du pays, le coupant ainsi en deux zones géographiques. Dès le 19 septembre, les 600 hommes du 43e BIMa stationnés à Port-Bouët se déploient afin d'assurer la sécurité des quelque 16 000 ressortissants français vivant en Côte d'Ivoire. Le dispositif français est rapidement renforcé par les militaires prépositionnés en Afrique.

Le 22 septembre, l'opération Licorne est lancée. Son but premier est d'assurer la sécurité des ressortissants. Mais face à la montée de la violence et des tensions, à la demande de la CEDEAO, du gouvernement ivoirien puis de l'ONU, l'engagement militaire français évolue en quelques semaines vers une force d'interposition entre les forces armées du gouvernement ivoirien et la rébellion.

Le 29 septembre, un sommet extraordinaire de la communauté économique des États d'Afrique de l'Ouest (CEDEAO) se réunit à Accra (Ghana). Elle décide du principe de l'envoi d'une force d'interposition en RCI et crée un groupe de contact chargé d'organiser une médiation entre les forces rebelles et le président ivoirien. Cette médiation permet la signature d'un cessez-le-feu accepté par toutes les parties le 17 octobre 2002. Les premiers casques blancs de la Mission de la CEDEAO en Côte d'Ivoire, la MICECI, arrivent en RCI en janvier 2003. Forte de 1 200 hommes, cette force se déploie sur le terrain le 30 mars 2003 pour assurer sa mission d'interposition.

Évolutions du dispositif militaire français

Durant douze (12) années, le dispositif des forces françaises déployées en Côte d'Ivoire s'est adapté en fonction de la situation sécuritaire. Ces évolutions ont toujours pris en compte la sécurité des ressortissants français et étrangers. Les phases de crises en Côte d'Ivoire ont ainsi montré la capacité d'adaptation des forces armées françaises.

– De 2002-2005 : intervention déployée depuis 2002, la force Licorne ajuste en permanence ses moyens aux conditions générales du théâtre. Le dispositif français est constitué à partir du 43e BIMa stationné à Abidjan.

– Début octobre 2002 : les militaires français sont chargés de la protection des médiateurs de la CEDEAO,

– puis dès le 20 octobre : Licorne se voit confier une mission de surveillance et de contrôle du cessez-le-feu dans la zone de coordination définie par l'ensemble des forces en présence et le gouvernement ivoirien. Les troupes françaises se déploient donc d'est en ouest sur la ligne de cessez-le-feu. La force Licorne monte en puissance. Elle compte 1 200 militaires à la mi-octobre et 2 500 à la fin de l'année 2002.

– En mars 2003, la MICECI, mission de la CEDEAO en RCI, prend la relève des forces françaises sur la zone de cessez-le-feu. L'opération Licorne évolue alors vers une mission de soutien et d'appui aux casques blancs africains. Licorne maintient également une capacité de réaction rapide. Toujours déployée en appui de la MINUCI, la force Licorne opère à partir du 1er juin 2003 dans la « zone de confiance », créée le même jour et qui tend à remplacer la ligne de cessez-le-feu. Elle appuie la mission de l'ONU dans la mise en place du programme DDR (Désarmement, Démobilisation et Réinsertion), processus initié par les accords de Marcoussis et visant à organiser le désarmement de tous les combattants et leur réinsertion dans la société ivoirienne.

– Le 13 mai 2003, le Conseil de sécurité de l'ONU adopte la résolution 1479 qui rappelle « son soutien aux efforts déployés par la CEDEAO et la France » et décide la création d'une Mission des Nations unies en Côte d'Ivoire, la MINUCI.

– Le 22 septembre, l'opération assure immédiatement la sécurité des ressortissants étrangers dont 2 300 sont évacués de la zone de confrontation. La résolution 1528, adoptée le 27 février 2004 décide la création d'une force de Casques Bleus, l'ONUCI. Cette résolution autorise « les forces françaises à user de tous les moyens nécessaires pour soutenir l'ONUCI et en particulier à contribuer à la sécurité générale de la zone d'activité des forces internationales, aider à protéger les civils dans les zones de déploiement de leurs unités. »

Les événements de novembre 2004

Alors que le mandat de Licorne évolue à mesure des décisions de la communauté internationale, la situation politique et sécuritaire dans le pays se dégrade après l'été 2004. Les forces rebelles, qui refusent de se laisser désarmer et qui ont pris le nom de « Forces nouvelles », décrètent l'état d'urgence dans le nord du pays le 28 octobre. Le 4 novembre, les forces loyalistes, les FANCI, débutent des bombardements aériens sur les principales villes tenues par les rebelles et des combats terrestres ont lieu les jours suivants. Le 6 novembre, un avion de chasse SU-25 bombarde un cantonnement du groupement tactique interarmes français à Bouaké, entraînant la mort de 9 militaires et en blessant 31 autres. Suite à ces événements, la situation sécuritaire se dégrade dans l'ensemble du pays et à Abidjan où ont lieu de violentes manifestations anti-françaises. La force Licorne évacue alors plus de 8 000 ressortissants.

En novembre 2004, au plus fort de la crise ivoirienne et alors que l'ONUCI monte en puissance, la force Licorne compte près de 5 000 hommes. Malgré le terrible bilan humain, économique et sécuritaire des événements de novembre, le processus de paix est relancé à l'initiative du président ivoirien.

2005-2009 : stabilisation

À partir de 2005, la situation sécuritaire se stabilise et s'améliore peu à peu, notamment grâce à la reprise du processus politique et la présence de l'ONUCI et de Licorne. Cette amélioration permet de réduire le format de la force Licorne avec le désengagement d'un groupement tactique interarmes jusqu'alors stationné au nord du pays, à Korhogo. Les effectifs sont progressivement ramenés à 4 000 militaires français puis à 3 500. En 2006, la France procède à un nouvel ajustement du format de la force Licorne en désengageant le groupement tactique interarmes stationné à l'Ouest, à Man. Les effectifs de Licorne passent alors à 2 900 militaires. L'évolution favorable de la situation sécuritaire et la disparition de la « zone de confiance » permettent à Licorne de réduire à nouveau ses effectifs et ses moyens en 2007. Les capacités de réaction rapide sont densifiées alors que les moyens terrestres les plus lourds sont désengagés. Les effectifs sont réduits à 1 800 militaires. Basés à Bouaké et à Abidjan, les militaires de la force Licorne effectuent des opérations de présence sur l'ensemble du territoire permettant de rassurer les ressortissants et la population et de leur assurer un soutien concret : rénovation d'écoles, de centres culturels, etc.

Compte tenu de la « nette amélioration » sécuritaire, l'ONUCI annonce à son tour, en 2008, sa reconfiguration avec le déploiement d'une force allégée, plus mobile et mieux adaptée au nouveau contexte. Cette adaptation atteste de l'analyse partagée de la situation sécuritaire faite par la force Licorne et les Nations unies. De nouveaux accords de paix sont signés à Ouagadougou le 4 mars 2007. Ils prévoient notamment le démantèlement de la « zone de confiance », ce qui est progressivement fait à partir du 16 avril.

2009-2014 : Réorganisation

Au premier semestre 2009, Licorne se désengage de la base de Bouaké et réduit ses effectifs de moitié afin d'atteindre le format de 900 hommes. Licorne reste en soutien de l'ONUCI. Elle conserve sa base à Abidjan lui permettant d'accueillir rapidement, si nécessaire, des renforts en provenance des forces prépositionnées ou de France.

2011 : Crise postélectorale

La crise postélectorale plonge à nouveau le pays dans la violence avec de nombreux affrontements entre les partisans du président sortant et ceux d'Alassane Ouattara, dont la victoire aux élections est certifiée par l'ONU. Le 22 décembre 2010, le ministère des Affaires étrangères demande aux Français de quitter provisoirement la Côte d'Ivoire. Pour faire face à cette dégradation de la situation, la France renforce le dispositif Licorne. Fin janvier 2011, la réserve opérationnelle, embarquée sur le bâtiment de la Marine nationale assurant la mission Corymbe, débarque dans le port d'Abidjan pour assurer la sécurité des ressortissants français et étrangers et appuyer l'ONUCI. En avril, Licorne compte 1 600 hommes. Initialement prévue en novembre 2008 et plusieurs fois reportée, l'élection présidentielle à deux tours a finalement lieu le 31 octobre et le 28 novembre 2010. Le 4 décembre, les deux candidats présents au second tour, messieurs Ouattara et Gbagbo prêtent serment chacun de leur côté, se considérant chacun comme étant élus. Cette situation débouche sur une nouvelle phase de crise.

Le 30 mars 2011, la résolution 1975 autorise l'ONUCI et Licorne à agir pour protéger les populations, notamment en détruisant les armes lourdes des forces favorables à l'ancien président, Laurent Gbagbo. Début avril, la force Licorne accueille, sur le camp de Port-Bouët, à Abidjan, des ressortissants français, étrangers et des civils ivoiriens menacés par les violences dans la capitale. Le 4 avril, les forces françaises conduisent des frappes, en soutien de l'ONUCI, sur des armes lourdes des forces du président sortant, Laurent Gbagbo. Le lendemain, un cessez-le-feu est annoncé. Toutefois, en raison des violations répétées du cessez-le-feu par les forces de

M. Gbagbo, l'ONUCI, avec le soutien de Licorne, réalise de nouvelles frappes sur des véhicules blindés et armes lourdes. Au total, durant la phase de crise du 31 mars au 16 avril, plus de 5 000 Ivoiriens et ressortissants français et européens ont été accueillis au camp de Port-Bouët. Environ 3 000 d'entre eux ont été évacués par des moyens aériens militaires vers des pays de la région. Le 11 avril, Laurent Gbagbo est arrêté à sa résidence par les forces ivoiriennes.

De la stabilisation à la normalisation

À l'été 2011, la force Licorne est réduite à 700 militaires puis à 450 hommes en janvier 2015. La poursuite de la normalisation de la situation et le nouvel accord de coopération signé en 2012 permettent de faire évoluer notre présence en Côte d'Ivoire. L'opération Licorne prend fin le 21 janvier 2015 et une nouvelle base opérationnelle avancée (BOA) voit le jour. Les militaires français en Côte d'Ivoire appartiennent désormais aux Forces françaises en Côte d'Ivoire (FFCI). Les FFCI prolongent la présence française en RCI qui devient le principal point d'appui des forces sur la façade ouest-africaine.

La création des FFCI s'inscrit dans le cadre plus global de la réorganisation de notre dispositif de présence en Afrique de la France qui vise notamment à resserrer notre empreinte opérationnelle autour de la région sahélo-saharienne.

Le dispositif français en Afrique

Dans le cadre de l'histoire commune et ancienne qui lie la France à ses partenaires africains, notre pays assure une présence militaire permanente en Afrique. En 2014, 3 800 militaires français étaient ainsi déployés en Afrique et au Moyen-Orient sous statut de « forces de présence ». Avec la création des FFCI, le dispositif français en Afrique est désormais centré sur deux Pôles opérationnels de coopération (POC), au Sénégal et au Gabon et deux Bases opérationnelles avancées (BOA), en Côte d'Ivoire et à Djibouti. Ce dispositif, capable d'interagir avec les autres bases opérationnelles avancées et les forces déployées en opération, permet de disposer d'un réservoir de forces et de points d'appui logistique dont les principales missions sont :

- d'assurer la défense des intérêts français et la sécurité de nos ressortissants ;
- d'appuyer les déploiements opérationnels dans la région ;
- de contribuer à la coopération opérationnelle régionale.

Figure 2 : Accords de paix et programmes des démobilisations en Côte d'Ivoire

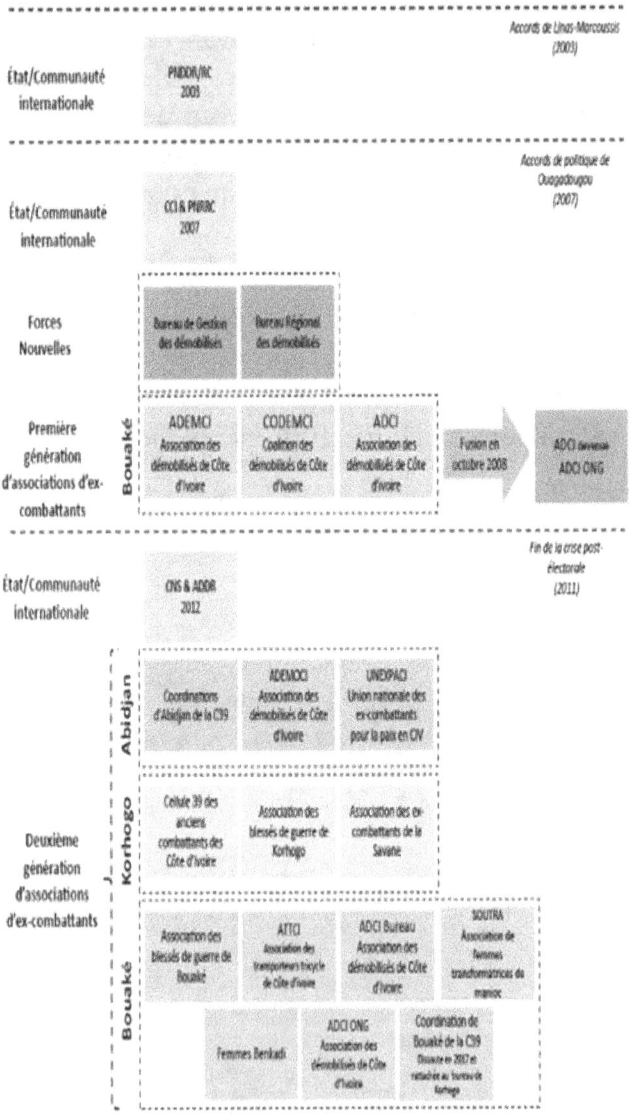

4.2.1.2.2.3 Installation de bases militaires chinoises en CI

Pékin n'apporte plus son soutien aux « mouvements de libération » africains, comme il le fit dans les années 1970 à l'Union nationale pour l'indépendance totale de l'Angola (Unita) ou au Front de libération du Mozambique (Frelimo).

Figure 3 : Présence et coopération des Armées chinoises et étrangères en Afrique

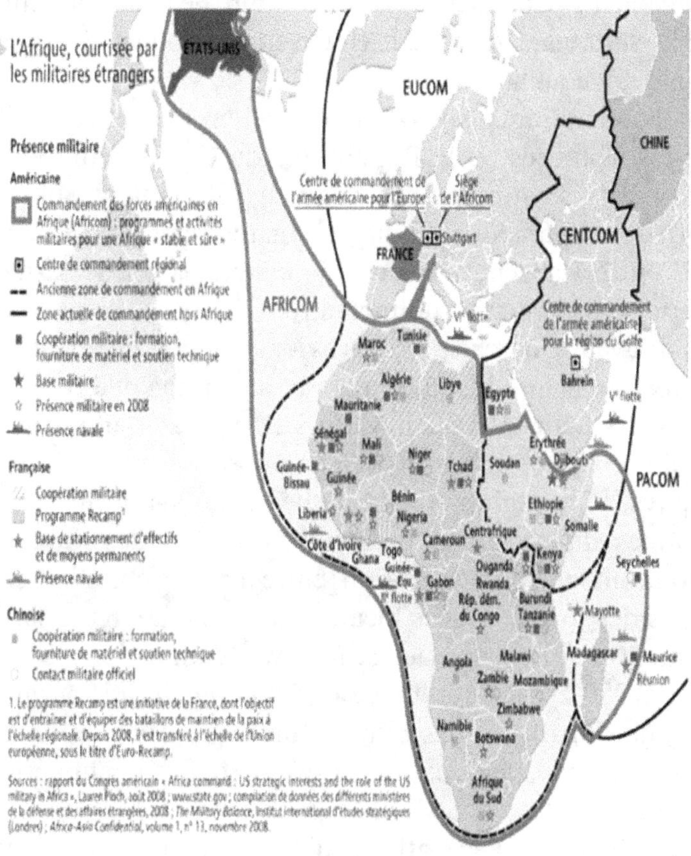

L'Afrique courtisée par les militaires étrangers

Pour des raisons essentiellement commerciales, la Chine est cependant le principal fournisseur d'armes légères des groupes armés qui déchirent le continent africain, mais aussi des gouvernements locaux. Ces armes peuvent être produites sur place : la République Populaire de Chine (RPC) a ouvert trois usines de fabrication d'armes légères au Soudan, près de Khartoum ; d'autres usines de munitions et d'armes légères ont également été construites au Zimbabwe et au Mali. La RPC a également signé des accords de fourniture de matériel militaire avec la Namibie, l'Angola, le Botswana, le Soudan, l'Érythrée, le Zimbabwe ou la Sierra Leone.

La coopération s'est considérablement renforcée en 2005 avec les Comores ou la République du Congo, dont le chef d'état-major s'est rendu en Chine en 2005 pour y signer un accord de coopération militaire. Le marché africain permet à la RPC, outre l'absence relative de concurrence, de tester un matériel qui demeure rudimentaire. C'est en Afrique que la RPC trouve un marché pour ses avions d'« entraînement » K8, fournis à la Namibie, au Soudan et au Zimbabwe. La Chine fournit des hélicoptères au Mali, à l'Angola et au Ghana, de l'artillerie légère et des véhicules blindés à la quasi-totalité des pays de la région, ainsi que des camions militaires, des uniformes, du matériel de communication… et des bicyclettes, démontrant ainsi l'adéquation entre l'offre chinoise et les besoins des forces armées locales. La coopération est particulièrement étroite avec le Zimbabwe depuis le début des années 1980 et s'est renforcée en 2004. Pékin lui fournit des chars, de l'artillerie, des blindés ainsi que des camions, des vedettes rapides et des batteries de défense antiaérienne (figure 3).

Par ailleurs, la RPC offre également à de nombreux pays africains des programmes importants de formation de personnels, en Chine pour les officiers qui y effectuent des stages de plusieurs mois, ou sur place avec des instructeurs chinois. L'Afrique – c'est également le cas pour le Japon – constitue aussi un champ nouveau d'action pour la participation de la Chine aux opérations de maintien de la paix de l'ONU, bien que sur le fond la RPC ne s'engage que modérément dans le règlement des conflits, très réticente devant la nécessité de prendre parti. En janvier 2003, un premier contingent a été envoyé au Congo (Mission des Nations unies au Congo, Monuc), pour des opérations de reconstruction et de surveillance. Un second contingent de 598 hommes a été envoyé au Liberia en 2005 (Mission des Nations unies au Liberia, Minul) après que Monrovia a reconnu la RPC. Aujourd'hui, 1 500 soldats chinois interviennent en Afrique dans le cadre d'opérations de maintien de la paix de l'ONU, ce qui permet à Pékin de développer des formes de coopération militaire ou d'aide à la formation, avec des puissances fortement impliquées dans la région comme la France ou le Royaume-Uni.

TROISIÈME PARTIE

RECOMMANDATIONS POUR LA PROMOTION DE LA COOPÉRATION ÉCONOMIQUE ENTRE LA CÔTE D'IVOIRE ET LES ÉTATS-UNIS ET PERSPECTIVES DE SOLUTIONS

Chapitre 5 : Recommandations pour la promotion de la coopération économique entre la Côte d'Ivoire et les États-Unis

Comme le disait Proper Well : «**la raison d'État ne capitule jamais du jour au lendemain**», il faudra toujours satisfaire l'intérêt général. L'État doit toujours trouver les moyens d'exister sous peine de disparaître, ce qui ne saurait se faire. Nous empruntons la conception organique de l'administration et sa conception matérielle pour une raison technique, pédagogique afin de mieux dégager les recommandations émanant de notre recherche au plan institutionnel et au plan technique.

5.1 Recommandations générales pour les programmes de commerce

La Côte d'Ivoire peut s'appuyer sur un nombre d'atouts et d'opportunités qui ont été cités lors de nos entretiens. Il s'agit entre autres de :

(i) existence de ressources propres aux programmes de commerce;

(ii) expérience d'exportation sur le marché américain;

(iii) existence de filières à promouvoir pour l'exportation vers les États-Unis;

(iv) existence d'initiatives privées de promotion des programmes de commerce (agropole privé, projet de construction d'un laboratoire d'analyse de qualité des produits de classe internationale, projet de création du Code Barre de la Côte d'Ivoire, forte implication du secteur privé dans la création d'agropoles publics, intérêts manifestes des investisseurs pour la relance de l'industrie textile ivoirienne, etc.).

Les résultats et leur évaluation à la lumière du cadre et des concepts de la recherche ont justifié plusieurs recommandations générales pour la pratique.

La première recommandation concernait la langue comme instrument commercial. La langue permet de décrire au mieux la qualité des produits, la quantité, le prix, le mode de livraison, les conditions de paiement et les relations post-transaction (Selmier & Oh 2012). Dans ce contexte, la langue contribue au développement du commerce et à l'établissement des contacts sociaux (Stepanovienė 2016). Il est important que les États-Unis et les pays de l'AGOA dont la Côte d'Ivoire puisse introduire l'enseignement des langues étrangères dans leur programme de commerce international (Liu 2012, Selmier & Oh 2012, et Sacco 2014). En plus de l'anglais, il est nécessaire d'adopter le français et le portugais comme langues officielles des programmes de commerce en Afrique tout en recommandant leur l'utilisation simultanée lors des fora et la traduction des documents de travail dans les langues vernaculaires de la Côte d'Ivoire. De ce fait, il faudra aider à la diffusion des informations en langue française, car les résultats de la recherche ont indiqué la langue anglaise comme l'une des barrières d'ordre linguistique auprès des enquêtés.

La deuxième recommandation est liée à la modernisation et à 'amélioration des infrastructures économiques. Cependant, étant donné la complexité du pays étudié, les réformes économiques ont réussi à restructurer l'environnement macroéconomique de la Côte d'Ivoire et à créer des conditions favorables aux IDE, mais des secteurs vitaux tels que l'éducation, la santé, l'agriculture, les questions de genre et d'autonomisation des femmes ont montré leurs limites, les infrastructures de transport et les petites entreprises nationales (Fabro & Aixaá 2012). En outre, l'incapacité de l'économie de la Côte d'Ivoire a été aggravée par la politique défavorable des entreprises étrangères qui ont exporté la totalité de leurs bénéfices ou de leurs plus-values dans leur pays d'origine plutôt que de faire le réinvestissement cumulé dans la Côte d'Ivoire (Austin & Broadberry 2014). Ainsi, après plus d'un demi-siècle d'indépendance de la plupart des pays d'Afrique subsaharienne et plus particulièrement la Côte d'Ivoire, le réseau de transport de cette dernière selon NSHISSO (2017) qui fut conçu pour relier l'intérieur des colonies aux côtes pour acheminer les ressources naturelles et minérales vers la métropole européenne est dépassé. Le port des terminaux construits par l'ancienne puissance coloniale (La France) dans la plupart des ports maritimes de l'Afrique subsaharienne pour unifier l'emballage des marchandises sous forme de palettes, de caisses et surtout de conteneurs non standardisés n'est plus adapté au commerce mondial (Martin 2014, Basaran 2016, Bonfatti & Poelhekke 2017). Il est urgent de les moderniser pour qu'ils répondent aux normes internationales. Le remède aux problèmes d'infrastructure liés à l'offre et au commerce auxquels est confronté l'intégration des pays d'Afrique subsaharienne dans le système commercial mondial a été la reconnaissance de l'importance de l'initiative d'aide au commerce (AFT) qui accompagnerait les initiatives d'accords commerciaux des pays en développement aux économies émergentes (Gnangnon & Roberts 2017).

La troisième recommandation concerne la mise en place d'un accord-cadre pour tous les programmes de commerce. Outre les programmes de commerce dont l'AGOA, qui soumet tous les pays éligibles à l'ASS dont la Côte d'Ivoire à la même réalité et fournit des politiques commerciales uniformes, les États-Unis pourraient promouvoir le commerce et l'investissement via les accords-cadres (TIFA). Ces accords commerciaux ouvrent un dialogue sur le commerce et les questions d'investissement entre les États-Unis et son partenaire (Office of the United States Trade Représentant 2016).

Le TIFA fournit une structure dans laquelle l'aide au commerce (AFT) peut être assortie aux besoins spécifiques du pays, il peut donc établir le mécanisme de financement, notamment l'évaluation de l'achèvement du projet. Les données indiquent que seuls huit pays d'Afrique subsaharienne ont signé un TIFA avec les États-Unis. Bien qu'elles soient toutes dépassées, elles présentent l'avantage d'être rédigées en anglais et la langue officielle du pays partenaire commercial de l'ASS par opposition à l'AGOA accord commercial rédigé uniquement en anglais (Office of the United States Trade Representative 2018).

La quatrième recommandation qui peut améliorer l'effet positif des programmes de commerce américains sur le développement économique de la Côte d'Ivoire serait l'expansion de la technologie de l'information. La littérature suggère que l'émergence de l'Internet a créé des relations fortes entre le système de commerce et d'information sous forme de commerce électronique. Les avantages de l'Internet et du commerce électronique sont le marché du commerce international sans frontières, des processus commerciaux rationalisés, la disponibilité d'un riche média d'information sur les réglementations gouvernementales, les taux de droits de douane, le marché et les sources de fournisseurs et de consommateurs (Shouhong & Hai 2013).

Enfin, toujours au titre des recommandations finales, elles peuvent être scindées sur différents volets :

– Aux autorités ivoiriennes

• Faciliter la vulgarisation des accords commerciaux auprès des acteurs économiques ivoiriens

• Renforcer la formation des acteurs économiques précisément les femmes sur les procédures d'exportation en USA

• Encourager et intégrer la diaspora ivoirienne à travers un mécanisme innovant dans le commerce avec les USA

• Vulgariser la stratégie nationale d'Exportation

• Renforcer l'implication des acteurs de la société civile dans les connaissances des programmes économiques.

Renforcement de la capacité de l'exportation sur le marché américain

1. Amélioration de la qualité intrinsèque et commerciale des produits

2. Diversification des produits à l'export

3. Renforcement des capacités commerciales et techniques des entreprises

Ces projets ont pour objectif de renforcer l'offre exportable ivoirienne et d'améliorer sa compétitivité à l'export dans les produits pour lesquels la Côte d'Ivoire dispose d'avantages comparatifs sur le marché américain.

La finalité des projets est d'assurer l'accroissement des parts de marché à l'export des entreprises ivoiriennes sur le marché américain grâce à une meilleure compétitivité de leurs produits. Les entreprises prêtes à l'export seront identifiées et une assistance technique ciblée leur sera fournie pour le traitement, le conditionnement et la commercialisation de leurs produits. Il sera organisé à leur intention des sessions de formation (exigences du marché américain, certification des produits, etc.).

La cinquième recommandation générale serait le renforcement de la coopération militaire entre la Côte d'Ivoire et les États-Unis par l'installation d'une base militaire couplée d'un centre de défense, sécurité, d'intelligence économique et stratégique américain en Côte d'Ivoire. Cette base pourrait permettre de sécuriser les Intérêts économiques et stratégiques des deux partenaires face aux menaces et à la montée du terrorisme dans le sahel et autre zone africaine. Ces différents points de coopération seront contenus dans un traité bilatéral cosigné par les deux parties.

5.2 Recommandations spécifiques pour les programmes de commerce

5.2.1 Pour l'AGOA

Toutes ces contraintes entravent l'accroissement des exportations ivoiriennes sur le marché américain, malgré l'existence d'énormes avantages que l'on pourrait tirer de l'AGOA. Il est alors indispensable d'entreprendre des actions urgentes destinées à accroître l'exportation de produits ivoiriens sur le marché américain avec l'implication de tous les acteurs (publics, secteur privé).

Atouts et opportunités

La Côte d'Ivoire peut ainsi s'appuyer sur un nombre d'atouts et d'opportunités qui ont été cités lors de nos entretiens. Il s'agit entre autres de : (i) existence de ressources propres à l'AGOA (Comité national AGOA, Centre de Ressources AGOA, Bureau national AGOA, obtention du visa textile de la Côte d'Ivoire, cadre de concertation sur l'AGOA, etc.) ; (ii) expérience d'exportation sur le marché américain ; (iii) existence de filières à promouvoir pour l'exportation vers les États-Unis ; (iv) existence d'initiatives privées de promotion de l'AGOA (agropole privé, projet de construction d'un laboratoire d'analyse de qualité des produits de classe internationale, projet de création du Code Barre de la Côte d'Ivoire, forte implication du secteur privé dans la création d'agropoles publics, intérêts manifestes des investisseurs pour la relance de l'industrie textile ivoirienne, etc.).

Les résultats et leur évaluation à la lumière du cadre et des concepts de la recherche ont justifié plusieurs recommandations pour la pratique.

– Sensibilisation sur l'AGOA et mise à disposition d'information sur les opportunités du marché américain

1. Sensibilisation des acteurs aux opportunités offertes par l'AGOA

2. Renforcement du système d'information économique et commerciale et de veille sur le marché américain.

Une meilleure sensibilisation sera faite auprès du public, des acteurs économiques et les décideurs politiques sur les enjeux économiques liés au commerce des biens et services avec les États-Unis. Des informations seront fournies sur : (i) les opportunités offertes par l'AGOA ; (ii) les procédures d'exportation vers les États-Unis ; (ii) les procédures administratives nécessaires pour chaque type de produit ; (iv) les barrières non tarifaires spécifiques au marché américain et les meilleures pratiques de contrôle de qualité des produits destinés à l'exportation.

Dans ce cadre, le Centre de Ressources AGOA, dont les capacités du point focal doivent être renforcées, collaborera avec tous les acteurs de la chaîne export afin que la composante « information sur le marché américain » soit opérationnelle.

Dès lors, il serait important de disposer d'un système d'information continue avec des informations pertinentes destinées aux entreprises cibles. Pour ce faire, il est nécessaire de mettre en place un dispositif de veille commerciale et de diffusion des informations économiques et commerciales sur le marché américain.

– Promotion du « Made in Côte d'Ivoire » sur le marché américain

3. Accompagnement des entreprises sur le marché américain
4. Renforcement de la communication promotionnelle des produits et des entreprises.

Ces projets visent à offrir une meilleure visibilité aux produits ivoiriens exportés ou exportables par l'accompagnement des entreprises sur le marché américain. Ceci permettra d'identifier les acheteurs potentiels de produits « made in Côte d'Ivoire » aux États-Unis et de positionner les produits sur le marché américain.

Des missions acheteurs/vendeurs seront organisées pour favoriser des discussions sur : les spécifications des acheteurs des États-Unis ; les mécanismes commerciaux de l'exportation pour l'introduction des produits aux États-Unis ; les opportunités de co-investissement avec les groupes de producteurs ou processeurs ouest-africains afin d'améliorer les techniques et équipements de traitement.

– **Facilitation des échanges commerciaux**

5. Opérationnalisation du cadre de concertation sur l'AGOA

6. Appui au financement des activités d'exportation des entreprises.

Ces projets visent à améliorer et à coordonner le dispositif d'intervention sur le marché américain et le cadre institutionnel de mise en œuvre de la politique de l'exportation sous AGOA.

De même, pour améliorer l'efficacité du pilotage, une bonne organisation de la mise en marché des produits d'exportation sera assurée par, entre autres, la définition de stratégies sectorielles de pénétration, par produit, du marché américain.

Aussi, il faut noter que la promotion et le développement des exportations résultent de la création d'un environnement propice qui est lui-même le résultat d'un ensemble de mesures et d'actions diversifiées, complémentaires et coordonnées sur les plans à la fois institutionnel et réglementaire.

Dans ce cadre, l'assistance aux entreprises prêtes à l'export doit comprendre leur accompagnement pour mieux accéder au financement commercial. Ceci se ferait en étroite collaboration avec les banques et autres institutions financières. L'APEX-CI pourrait aussi cofinancer les audits financiers de sociétés exportatrices afin de renforcer leurs capacités d'accès au financement de l'exportation mais aussi assurer directement le financement à frais partagés d'activités de développement des exportations.

5.2.2 Pour AWEP CI

Au niveau entrepreneurial, l'économie ivoirienne se caractérise par un dualisme – d'un côté, des grandes entreprises modernes et performantes et de l'autre, des petites entités souvent informelles. Dans le secteur industriel, deux types d'entreprises coexistent : le premier, moderne et formel, représente environ un tiers de la valeur ajoutée et a une productivité deux fois et demie plus élevée que le second, caractérisé par des entreprises de petite taille et très souvent informelles (Banque mondiale 2015). Les entreprises de type 1 réussissent à développer des partenariats avec les EMN de la capitale économique, souvent dans les premières étapes de l'échelle de développement. Dans certains cas, elles sont aussi un des facteurs d'attraction des IED. Les entreprises de type 2, même lorsqu'elles sont installées à proximité des zones industrielles, peinent à s'intégrer dans les chaînes de valeur.

Cela impacte défavorablement la capacité à augmenter la valeur ajoutée et à bénéficier d'un transfert de savoir-faire et de technologie. De nombreux efforts ont été accomplis pour faciliter la création d'entreprises et en réduire le coût, mais leur impact est limité à la capitale. La Côte d'Ivoire se positionne très avantageusement par rapport aux pays comparateurs en termes de coût et de temps de création des entreprises.

Toutefois, comme décrit auparavant, ces réformes se sont concentrées sur la capitale économique. Pour assurer une croissance inclusive et mieux répartie sur l'ensemble du territoire, il faudra les déployer aux autres régions du pays. L'entrepreneuriat demeure encore perçu comme une activité de dernier recours. Comme indiqué par le GUFE pendant la mission exploratoire de la CNUCED, la majorité des créateurs d'entreprises sont motivés par la nécessité, en l'absence d'un emploi salarié, et non par l'identification d'opportunités. Cela se traduit par une attitude qui demeure généralement négative par rapport au risque entrepreneurial. La coordination des mesures de soutien à l'entrepreneuriat mériterait d'être renforcée, sur les plans stratégiques…

Le développement de l'entrepreneuriat implique un accompagnement ciblé, continu et coordonné, à la fois en amont et en aval (CNUCED 2012). De nombreux programmes ont été mis en place par les secteurs public et privé, ainsi que par les PTF. Cependant, en raison d'une insuffisance de données et de la communication sur l'entrepreneuriat dans le pays, ces programmes manquent de sélectivité quant au type d'entreprise ciblée et sont souvent isolés et ponctuels. Cela a des conséquences sur le suivi et l'évaluation d'impact, et ultimement, sur la performance des entreprises. Le programme Phoenix, présenté comme la stratégie nationale de développement des PME et élaboré en 2015, ambitionne de contribuer à la création d'une masse critique de PME dynamiques, innovantes et compétitives pour soutenir le développement socio-économique durable de la Côte d'Ivoire.

La Côte d'Ivoire a fait des efforts considérables pour simplifier la création d'entreprises. Cependant, ces mesures se sont concentrées sur la capitale économique. Par ailleurs, un manque de coordination stratégique et institutionnelle impacte négativement les initiatives d'accompagnement de l'entrepreneuriat et donc les entreprises. Pourtant, de nombreuses opportunités de négoce et de collaboration et, par conséquent, de transfert de compétences, de savoir-faire et de technologies existent. Ceci est le cas sur le court terme pour les zones industrielles, qui constituent un mini-écosystème d'entreprises qui pourrait devenir un véritable cluster et un facteur d'attraction des investissements.

Afin de réaliser ce potentiel et permettre une inclusion des entreprises dans les chaînes de valeur, il est recommandé au Gouvernement de la Côte d'Ivoire :

• effectuer un état des lieux des programmes et projets en cours pour l'entrepreneuriat. Cela implique des éléments stratégiques et réglementaires ;

• s'assurer que les objectifs de la stratégie nationale de développement des PME soient en ligne avec les initiatives identifiées et au besoin effectuer une mise en cohérence. Dans le secteur industriel, cette stratégie devrait intégrer des éléments relatifs à la politique industrielle et à l'aménagement du territoire ;

• identifier un « chef de file » pour le développement des PME et établir un mécanisme de coordination institutionnelle afin d'éviter les duplications et assurer la synergie des différents programmes. Ce mécanisme inclurait les différents ministères et autorités publiques impliquées, ceux ayant des fonctions régaliennes (Justice, Budget et Finances, Intérieur et Aménagement du territoire, de la Femme, de la Famille et de l'Enfant) et le secteur privé, notamment la Chambre de Commerce et d'Industrie de Côte d'Ivoire (CCI–CI) et les associations d'entreprises ;

• améliorer les mécanismes de collecte des données sur l'entrepreneuriat en Côte d'Ivoire. Une première étape consisterait à mesurer le taux de survie des entreprises et à collecter des données désagrégées, notamment par sexe. Ceci pourrait se faire par le CEPICI qui devrait coordonner cette activité avec l'Observatoire des PME envisagé dans le programme Phoenix afin de mieux identifier et cibler les besoins ;

• renforcer le suivi de la mise en œuvre de la stratégie nationale de développement des PME et ajuster ses objectifs et mesures en fonction de l'impact ;

• mettre en place un programme de liens interentreprises. Il comprendrait deux volets : liens directs (sous-traitance) et indirects (activités de service). Il pourrait, dans un premier temps, se déployer dans les zones industrielles sous forme de projets pilotes. Plusieurs éléments devront être pris en compte ;

• identifier les entités publiques en charge de la mise en place du programme. Le CEPICI et l'agence-chef de file pour le soutien aux PME sont des candidats naturels ;

• réaliser une étude de marché afin d'identifier la demande des entreprises de plus grande taille et l'offre des PME en termes de produits et de services ;

• identifier et analyser les lacunes en termes de normes de qualité et de production.

• sélectionner les entreprises pour des projets pilotes qui seront assujetties à des normes, exigences et spécifications d'approvisionnement de produits et de services spécifiques ;

• accompagner les PME sélectionnées dans la formalisation, le cas échéant ;

• renforcer la capacité de production des PME ciblées par le biais de formation et de rapprochements axés sur les besoins spécifiques des entreprises de plus grande taille, en travaillant étroitement avec elles pour conclure des contrats d'approvisionnement et de services ;

• examiner les mesures politiques et autres initiatives de soutien permettant de renforcer les liens existants par le biais de la modernisation technologique, du support à la certification, de la logistique et de l'assistance financière.

Le programme Business Linkages de la CNUCED pourrait appuyer des projets pilotes et organiser des activités de formation et renforcement des capacités pour le personnel affecté à la promotion des liens interentreprises et des femmes du réseau AWEP de la Côte d'Ivoire.

Ainsi, les actions suivantes pourront être menées :

– s'appuyer sur la Communauté noire aux États-Unis c'est-à-dire la diaspora ivoirienne aux États-Unis pour servir de rôle de Chargés d'Affaires ;
– la facilité de création de modules de formations ;
– l'identification des obstacles à la production et opportunités de croissance ;
– la création de supply-chain ;
– l'indentification des marchés ;
– la création des unités de transformation ;
– la mise en commun des efforts pour la couverture hypothécaire ou la présentation de garantie morale aux institutions financières.

5.2.3 Pour le POWER AFRICA

Les États-Unis d'Amérique, par le biais de son agence de développement USAID et en étroite collaboration avec la BAD, pourraient chapeauter l'élaboration d'une série de transactions énergétiques prioritaires pour la Côte d'Ivoire, qui lui permettra de franchir les étapes décisives des douze à dix-huit prochains mois.

La Banque africaine de développement prévoit de consacrer 3 milliards de dollars EU au cours des cinq prochaines années, qui devraient lever au moins quatre fois plus d'investissements dans le secteur énergétique. Les interventions de la Banque comprendront des prêts d'investissement, des réformes, des prestations de conseil et de garanties, pour un montant alloué d'au moins 3 milliards de dollars à la Côte d'Ivoire de manière efficiente et efficace, les milliards de dollars disponibles à l'investissement dans le secteur énergétique se concrétiseront en de vraies ampoules dans les foyers et l'électricité nécessaire au développement de petites entreprises. Les réformes politiques permettront de faciliter et d'améliorer les marchés énergétiques transfrontaliers «, a souligné, le 1er juillet 2013, le président de la BAD, Donald Kaberuka, à Dar Es Salaam en Tanzanie.

Le Fonds africain de développement (FAD), guichet de prêt à taux concessionnels de la Banque, constituerait la principale source de financement pour les activités d'assistance de la BAD au secteur énergétique dans la Côte d'Ivoire couverte par l'Initiative. Le FAD a engagé 1,4 milliard de dollars EU sur l'enveloppe totale de 1,6 milliard de dollars EU qu'a consacrée la BAD au financement, ces cinq dernières années, des infrastructures énergétiques des six pays prioritaires aux investissements énergétiques. La BAD pourrait étendre cette initiative à la Côte d'Ivoire.

Outre les transactions énergétiques prioritaires, les autres domaines de collaboration de la Banque avec l'Initiative, englobent :

- Le Fonds des énergies durables pour l'Afrique (SEFA)

Le SEFA est une initiative conjointe de la Banque africaine de développement et du gouvernement du Danemark, dotée d'une enveloppe financière de plus de 56 millions de dollars EU, pour développer des petits et moyens projets d'énergies renouvelables et d'efficacité énergétique. Le SEFA est conçu comme une plateforme flexible multipartenaires et multi-usage pour faciliter l'accès à l'énergie renouvelable en Afrique, et un des instruments pour l'Afrique dans le cadre de l'Initiative pour l'énergie durable pour tous des Nations unies (SE4All). Lors des Assemblées annuelles de Marrakech, le directeur adjoint de l'USAID/Bureau Afrique, Earl Gast, a annoncé une première dotation de 5 millions de dollars EU au profit du SEFA, au titre d'un engagement pluriannuel pour le Fonds et pourrait l'étendre à la Côte d'Ivoire.

• La Facilité africaine de soutien juridique (ALSF)

L'ALSF est un organe, hébergé par la Banque, destiné à fournir des services juridiques. Il est chargé d'apporter une assistance en matière de négociations aux pays prioritaires de l'Initiative Énergie pour l'Afrique afin de faciliter des transactions clés dans les secteurs énergétiques. L'USAID a manifesté un vif intérêt à soutenir et renforcer les activités de l'ASLF et la Garantie partielle de risque (PRG).

Le PRG est un instrument de réduction de risques destiné à stimuler les investissements privés, en couvrant bailleurs et investisseurs contre tout risque de défaillance du gouvernement ou d'une agence étatique dans l'exécution d'un engagement vis-à-vis d'un privé. L'Initiative Énergie pour l'Afrique a souhaité collaborer avec la Banque pour mettre en place un fonds de garantie partiel de risque, qui va compléter ou co-garantir avec le PRG de la Banque.

Débloquer des sources de financements privées en faveur de projets énergétiques africains.

Conscient du rôle essentiel que pourraient jouer des sources de financements privées comme les fonds souverains, les fonds de pension, les assurances dans le financement de grands projets énergétiques en Afrique, la Banque et l'USAID vont œuvrer conjointement à mobiliser des capitaux privés locaux pour investir dans les infrastructures énergétiques. Le nouveau Fonds Afrique 50, annoncé lors des Assemblées annuelles 2013 de la Banque à Marrakech, aidera à apporter les financements manquant aux infrastructures africaines et celles ivoiriennes en particulier. Le Fonds Afrique50 vise à augmenter le nombre de projets d'infrastructures bancables en Afrique, et à mobiliser les instruments financiers requis pour faciliter la levée de financements additionnels d'infrastructures pour le continent, y compris le rehaussement de crédit et autres mesures d'atténuation de risque.

La BAD est un pilier de l'Initiative Énergie pour l'Afrique. Une solide reconstitution du 13e Fonds africain de développement signifierait une augmentation de ressource pour des financements à effet catalyseur qui pourraient faire affluer des investissements énergétiques privés vers l'Initiative.

Le secteur de l'énergie en Côte d'Ivoire a connu un développement rapide dans les deux premières décennies de son histoire. Grâce au développement de son potentiel énergétique, le pays a pu fournir des services énergétiques acceptables à sa population. Aujourd'hui, l'initiative pour l'énergie durable, lancée par le Secrétaire général des Nations unies, est une opportunité pour pérenniser les efforts du Gouvernement ivoirien pour la fourniture d'un service énergétique durable pour les générations actuelles et futures.

Cependant, quelques barrières doivent être levées si la Côte d'Ivoire veut atteindre les objectifs de SE4ALL :

• **le cadre institutionnel** doit être renforcé pour inciter à des initiatives vertueuses en faveur de l'accès universel à l'énergie, de la sobriété énergétique et des énergies renouvelables ;

• **l'accès à l'investissement** demeure un frein important au développement du secteur de l'énergie, spécifiquement des énergies renouvelables. L'amélioration du cadre réglementaire et de la régulation du secteur devrait pouvoir contribuer à attirer des capitaux privés dans les technologies propres en faveur des ménages et pour l'usage industriel.

• **la faiblesse des capacités des utilisateurs finaux** constitue aussi un obstacle majeur au déploiement des technologies propres. La sensibilisation et la formation des utilisateurs finaux sont indispensables pour la vulgarisation de ces technologies propres. Il est aussi utile de prévoir un appui ou susciter un marché local de prestations de services développant ainsi une filière d'initiatives privées. La levée de toutes ces contraintes contribuera à la réduction de la pauvreté, à l'atteinte des OMD, au développement durable, et à la préservation de l'environnement.

5.2.4 Pour le BIT

La Côte d'Ivoire devrait avoir son propre Traité bilatéral d'Investissement (BIT) à l'instar d'autres pays comme la RDC ou le Sénégal afin de mieux actualiser les avantages de ce traité en se référant au nouveau texte proposé par le gouvernement américain depuis 2012 et de mieux négocier.

La solution préconisée serait celle d'un nouveau mécanisme supplémentaire, créé par le conseil administratif sur la base de l'habilitation qui lui est consentie par l'article 6 de la convention de Washington. En conformité avec l'article 6, fournir à cet effet la création d'un nouveau mécanisme supplémentaire acceptable pour les États-Unis et la Côte d'Ivoire.

5.2.5 Pour le BUILD ACT

Les actions suivantes peuvent être menées :

• Création du Service de Liaison commercial : À l'instar de la solide organisation américaine des services commerciaux en Afrique SubSaharienne, la Côte d'Ivoire doit créer un Service de Liaison. Il peut être dirigé par un agent qualifié en commerce international ou être confié à un cabinet d'expertise en commerce international. Les avantages d'un tel service de liaison sont :

– compréhension et maîtrise de la régulation américaine en matière du commerce extérieur ;

– identification du marché pour les exportations des produits et services ivoiriens ;

– organisation d'une politique de marketing adaptée aux spécificités culturelles et commerciales américaines ;

– sollicitation, organisation et coordination des réunions avec les différentes entités américaines (chambres de commerce, investisseurs, industries, entités administratives fédérales/des États...) pour la promotion de l'exportation des produits et services ivoiriens ;

– gestion et communication des informations commerciales d'une manière consistante et rapide entre les autorités ainsi que les partenaires américains et ivoiriens en tenant compte du décalage horaire et des barrières linguistiques.

Chapitre 6 : Perspectives de solutions pour le renforcement de la coopération économique entre la Côte d'Ivoire et les États-Unis

Comme les programmes de commerce dont l'AGOA ne sont que des outils de développement comme tant d'autres qui requièrent un environnement favorable axé sur la bonne gouvernance, le respect de l'état de droit et un droit commercial transparent et efficace, ils nécessitent donc des stratégies adéquates afin que les pays de l'Afrique subsaharienne en particulier la Côte d'Ivoire puissent bénéficier des opportunités de cette loi.

6.1 perspectives de solutions générales aux programmes de commerce

6.1.1 Les solutions face aux principaux problèmes rencontrés par l'Administration et les opérateurs privés

Une campagne de sensibilisation, d'information, d'éducation, de communication doit être mise en place pour une meilleure adaptation aux nouvelles procédures exigées par les programmes de commerce. Un projet d'extension des ports et aéroports et qui fait partie des axes prioritaires de la politique du Gouvernement est aussi important. Et enfin, une intensification des dispositifs de contrôle des côtes pour la surveillance de toutes les importations et exportations est une meilleure solution face à l'insuffisance de contrôle de côte.

6.1.2 Amélioration des performances des produits destinés à l'exportation vers les États-Unis

Pour que les produits destinés à l'exportation vers les États-Unis soient performants au niveau du marché américain, il faut tout d'abord améliorer le système éducatif de base et renforcer la formation technique et professionnelle. En plus, dans la technique de production et dans la technique commerciale, il est nécessaire de développer la créativité et l'habileté des jeunes étudiants, car il faut noter que le commerce mondial exige une technique marketing à très haut niveau. Et avant de vendre et produire un produit, il faut tout d'abord connaître le marché contrairement à la plupart des pays de l'Afrique subsaharienne qui bénéficie de ces programmes de commerce comme le cas de la Côte d'Ivoire. Enfin, la production africaine pourrait véritablement décoller si les infrastructures portuaires, routières et de conservation, notamment étaient modernisées et que les derniers procédés de contrôle phytosanitaire étaient introduits pour satisfaire le marché sophistiqué des États-Unis.

6.1.3 Les efforts attendus de la part des pouvoirs publics ivoiriens

Face aux menaces des futures élections présidentielles, de fortes mesures d'incitation sont à prendre par le Gouvernement ivoirien, soit pour encourager les opérateurs étrangers installés ailleurs durant la crise postélectorale à revenir rejoindre les zones franches ivoiriennes, soit pour attirer de nouveaux investisseurs. Le gouvernement doit aussi adopter des mesures efficaces pour éviter le transbordement illicite ou plus précisément la réexpédition des marchandises qui est un sujet très délicat pour les États-Unis. Il est donc intéressant de voir de près le déroulement de ce transbordement illicite. Il faut rappeler que les programmes de commerce, dont l'AGOA sont une aide aux pays de l'Afrique subsaharienne afin de promouvoir leurs croissances et leurs développements. Ils ne doivent donc en aucun cas bénéficier d'autres pays surtout les pays asiatiques et les pays occidentaux. Or, face aux opportunités offertes par ces programmes de commerce comme les levées de barrières tarifaires, les autres pays non qualifiés aux programmes de commerce essaient donc par tous les moyens de bénéficier illicitement des avantages offerts par ces programmes de commerce. On peut prendre l'exemple des pays d'Asie, certains pays de l'Europe qui entretiennent des contrats illicites avec les entreprises qui ont obtenu la qualification de bénéficier des avantages offerts par les programmes de commerce en Côte d'Ivoire. Ces contrats consistent à ce que ces entreprises qui n'ont pas obtenu la qualification aux programmes de commerce fassent passer illicitement leurs produits semi-finis ou même des produits finis dans les entreprises ivoiriennes qui ont obtenu la qualification aux programmes de commerce afin que ces produits puissent par la suite entrer directement sans être taxés par les douanes américaines. Et pour une meilleure crédibilité internationale, ces pouvoirs publics devraient faire une mise aux normes institutionnelles requises. La taille du marché sur lequel la Côte d'Ivoire a pu s'introduire grâce aux programmes de commerce a permis aux zones franches de s'étendre un peu plus. Donc de nouveaux investissements étrangers seront nécessaires et pour cela les pouvoirs publics vont donc devoir élaborer des lois pour les attirer et aider les filières d'exportations c'est-à-dire de mettre en place un climat d'investissement favorable aux opérateurs étrangers à savoir l'amélioration du cadre législatif et réglementaire, notamment en matière fiscale et de garantie des investissements. En bref, pour accueillir les capitaux étrangers apportés par ces nouveaux investissements étrangers et pour prévenir les problèmes sociaux engendrés par les réformes, l'État ivoirien doit réformer en profondeur ses structures économiques et sociales. Afin d'attirer les investisseurs étrangers, le gouvernement ivoirien a élaboré de nouveaux projets à savoir la mise en place des zones industrielles, des lois sur les inventions, les dessins, les noms commerciaux et la protection contre la concurrence déloyale qui devraient être présentées lors des prochaines sessions parlementaires. Des chambres de métiers seront même créées.

6.1.4 Les mesures prises par l'Autorité ivoirienne pour éradiquer toute tentative de non-respect des dispositions de l'AGOA

Pour éradiquer toute tentative de non-respect des dispositions des programmes de commerce américains, l'Autorité ivoirienne doit tout d'abord prendre des mesures pénalisantes si cela s'avère nécessaire, ensuite, mettre en place une infrastructure efficace avec l'assistance technique des États-Unis pour lutter contre le transbordement, et enfin, faire respecter les lois et réglementations en vigueur.

6.2 Les perspectives de solutions spécifiques aux programmes de commerce

6.2.1 Organisation du Service économique et commercial de la Côte d'Ivoire aux États-Unis d'Amérique

Mission du service commercial

La mission du service commercial sera de défendre les intérêts économiques de la Côte d'Ivoire aux États-Unis d'Amérique. À ce titre, le service s'occupera de :

• la promotion des secteurs commerciaux de la Côte d'Ivoire pour y attirer les investissements américains ;

• la promotion des produits et services de la Côte d'Ivoire aux États-Unis ;

• la protection des intérêts commerciaux de la Côte d'Ivoire aux États-Unis, en particulier ceux des petites et moyennes entreprises ;

• l'application et le renforcement des accords bilatéraux signés entre la Côte d'Ivoire et les États-Unis afin d'éliminer les obstacles (tarifaires et non tarifaires) aux échanges commerciaux entre les deux pays ;

• garantir l'égalité de traitement des entreprises et des travailleurs congolais sur les marchés des États-Unis, comme convenu dans le traité d'investissement bilatéral conclu entre les États-Unis et les pays de la CEDEAO, ainsi que dans les autres programmes d'accords commerciaux ;

• soutenir les efforts du gouvernement de la Côte d'Ivoire dans l'analyse des tendances commerciales américaines, l'élaboration de la politique commerciale, la négociation commerciale et l'organisation de programmes de renforcement des capacités commerciales ;

• la promotion de l'image positive de la Côte d'Ivoire ;

• la promotion des opportunités spécifiques d'investissement (« Inward et Outward ») ;

• la recherche et de l'accompagnement des investisseurs américains qui décident d'établir ou d'étendre leurs activités économiques de la Côte d'Ivoire ;

• la facilitation des mouvements des importations et exportations entre les deux pays ;

• l'augmentation des flux des investissements entre les deux pays.

Champ d'activités du Service commercial

Le service commercial exercera sa mission dans les secteurs clés de la Côte d'Ivoire qui contribuent à sa croissance économique à travers ses échanges commerciaux avec les États-Unis.

Ces secteurs clés sont ceux qui sont sous la direction directe des institutions ou des agences gouvernementales.

De ce fait, les tâches et responsabilités du Service commercial pourront être :

• Au Niveau de la Politique commerciale, communiquer aux ministères et agences en charge du Commerce dans le pays hôte et le pays représenté, la législation et les pratiques qui couvrent les échanges commerciaux : investissement, régimes fiscaux, exportations, exportations…

• Au niveau des Investissements, la responsabilité première est de travailler en étroite collaboration avec les entreprises ivoiriennes et américaines qui cherchent à explorer les opportunités commerciales entre les deux pays. Les activités générales entreprises à cet effet comprendront :

– construire et maintenir un réseau (network) efficace de relations avec les entreprises ;

– identifier les opportunités commerciales pour le gouvernement et les entreprises de la Côte d'Ivoire ;

– construire et / ou maintenir des bases de données internes de contacts et d'opportunités ;

– organiser et gérer les rencontres commerciales, notamment les conférences, les expositions, foires commerciales, les visites guidées, les voyages de prospection ;

– le cas échéant, apportez un soutien en matière de lobbying aux entreprises ivoiriennes cherchant à conquérir le marché américain.

Quant à l'Attaché commercial, ses fonctions générales seront :

• L'Attaché commercial est en charge de la section commerciale de l'Ambassade de la Côte d'Ivoire aux États-Unis.

• L'Attaché commercial exerce ses fonctions sous la direction de l'Ambassadeur de la Côte d'Ivoire accrédité aux États-Unis.

• L'Attaché commercial applique la politique commerciale du gouvernement de la Côte d'Ivoire, les objectifs commerciaux des ministères et des agences spécialisées.

• L'Attaché commercial rend compte de l'évolution de tendances commerciales/économiques des États-Unis d'Amérique à l'Ambassadeur et fournit des informations et des analyses économiques aux agences du gouvernement de la Côte d'Ivoire, en charge du commerce extérieur et des investissements étrangers.

• L'Attaché commercial exerce régulièrement et quotidiennement les tâches ci-après :

– Assister le gouvernement de la Côte d'Ivoire dans l'analyse de la politique du commerce international américaine afin de leur fournir des données fiables pour la prise des décisions sur les échanges commerciaux avec les États-Unis.

– Aider au développement et à la mise en œuvre de stratégies de commerce et de marketing internationaux pour les produits et les services commerciaux de la Côte d'Ivoire, notamment l'identification des marchés, l'analyse du potentiel des nouveaux marchés, l'élaboration d'un plan permettant d'établir avec succès des opérations commerciales de la Côte d'Ivoire aux États-Unis.

– Aider à la planification et à la mise en œuvre d'activités de promotion du commerce telles que les missions commerciales, les foires commerciales, les expositions commerciales et négociations sur les échanges commerciaux entre la Côte d'Ivoire et les États-Unis.

– Participer activement à des réunions entre les représentants de la Côte d'Ivoire et des États-Unis, les représentants du secteur privé et des chambres de commerce afin d'influencer les résultats des activités commerciales en faveur des entreprises de la Côte d'Ivoire.

– Contribuer à l'analyse de questions commerciales nécessitant une connaissance commerciale, économique ou commerciale tant du secteur commercial d'intérêt particulier soit au niveau fédéral ou d'un État américain.

Les Considérations professionnelles de l'Attaché commercial

L'Attaché commercial remplira une grande variété de fonctions critiques et collaborera avec un large éventail d'organisations gouvernementales ainsi que du secteur privé des États-Unis afin d'articuler, développer et affiner la politique commerciale, la promotion, les exportations et la protection des intérêts commerciaux de la Côte d'Ivoire. Trois types de relations seront du fait de l'Attaché commercial

• *Relation entre l'Attaché commercial et le Gouvernement de la Côte d'Ivoire*

Par ses fonctions principales de conseil en commerce, promotion des investissements américains en Côte d'Ivoire, de diplomatie commerciale et de promotion du commerce, l'Attaché commercial travaillera pour la prospérité économique, la création d'emplois et le renforcement de la sécurité nationale de la Côte d'Ivoire.

• *Relation entre l'Attaché commercial et le Gouvernement américain*

Par ses fonctions d'agent commercial, l'Attaché commercial sera chargé de défendre les intérêts du gouvernement de la Côte d'Ivoire et des entreprises ivoiriennes aux États-Unis, en vue d'accroître la part de marché des exportations des produits et services ivoiriens aux États-Unis.

• *Relations avec les Organismes américains et multilatéraux*

Par ses qualifications intellectuelles et expériences, il assiste l'Ambassadeur, les ministères et les agences spécialisées dans leur travail avec les organismes américains (Société Civile, Think-Tank) et les organismes multilatéraux basés aux États-Unis.

Les Fonctions managériales de l'Attaché commercial

1) Diriger et communiquer l'efficacité dans ce domaine consiste à le faire avec clarté, conviction et enthousiasme aux acteurs impliqués dans le développement du commerce extérieur de la Côte d'Ivoire.

2) Collaborer et créer le partenariat, c'est-à-dire créer des conditions de travail qui favorisent la collaboration, le partage des informations et la création des relations à la fois constructives et réceptives avec des collègues et des parties prenantes.

3) Focaliser sur les résultats commerciaux : l'efficacité dans ce domaine suppose de maintenir une orientation économique à court, moyen et long termes dans toutes les activités qui concernent le commerce international de la Côte d'Ivoire ainsi que l'accroissement des investissements étrangers.

4) Mobiliser les ressources humaines : l'efficacité dans ce domaine consiste à mettre l'accent sur l'apprentissage continu pour soi-même ainsi que les autres acteurs qui œuvrent pour la gestion et l'accroissement du commerce international de la Côte d'Ivoire. Il s'agit de veiller à ce que ces acteurs gardent leurs connaissances et ses compétences à jour en rapport avec les évolutions : l'évolution des marchés, les accords bilatéraux et multilatéraux.

Les Qualifications de l'Attaché commercial

Le candidat idéal pour diriger le service commercial attaché à l'ambassade de la Côte d'Ivoire aux États-Unis d'Amérique doit réunir ou être capable d'acquérir dans un meilleur délai les qualifications ou conditions ci-après :

1) posséder un diplôme d'études supérieures/universitaires dans les disciplines de l'intelligence économique et stratégie, du commerce international, administration des affaires, sciences économiques, sciences de gestion, finance, ou sciences politiques ;

2) une bonne maîtrise du français et de l'anglais tant pour la communication écrite qu'orale ;

3) capable de voyager pour participer aux réunions, séminaires, expositions et autres événements qui contribuent à la croissance du commerce international de la Côte d'Ivoire.

4) une bonne maîtrise des outils informatiques et des médias sociaux ;

5) capable de travailler avec tous les partenaires nationaux et internationaux ;

6) posséder une expérience de travail en Côte d'Ivoire et aux États-Unis ;

7) avoir une bonne connaissance des politiques commerciales et des réglementations gouvernementales américaines et ivoiriennes.

6.2.2 Élargissement des relations entre les pays membres de ces différents programmes de commerce

La Côte d'Ivoire pourrait aussi étendre les échanges entre les pays africains éligibles aux différents programmes de commerce dans le domaine des transferts de technologie par rapport aux pays africains.

Afin de mieux profiter de ces programmes de commerce, la Côte d'Ivoire devrait proposer aux États-Unis d'autres produits notamment artisanaux, les plantes médicinales, les contrats de biotechnologie et bioprospection.

6.2.3 La mise en place d'une politique de diversification d'activité des entreprises industrielles ivoiriennes

Comme la franchise douanière accordée dans le cadre des programmes de commerce constitue un avantage comparatif du pays, beaucoup d'investisseurs s'intéressent à s'implanter en Côte d'Ivoire pour pouvoir bénéficier de cet avantage. Pour l'instant, en raison notamment du faible coût de la main-d'œuvre dans le secteur textile, c'est ce secteur qui attire la plupart des investissements directs étrangers et qui contribue le plus à la création de la valeur ajoutée. Or, comme on a dit tout à l'honneur, ce secteur rencontre souvent des problèmes à cause de l'instabilité de la demande en produits textiles sur le marché américain et cela a un impact sur l'économie ivoirienne à savoir la diminution de la valeur ajoutée. Donc afin que la Côte d'Ivoire bénéficie vraiment des avantages offerts par les programmes de commerce à savoir la création de la valeur ajoutée et qui est un outil pour promouvoir la croissance et le développement, le gouvernement ivoirien devrait inciter les investisseurs étrangers à appliquer une politique de diversification d'activité c'est-à-dire de diversifier ses activités et d'implanter des industries à plus forte valeur ajoutée fabriquant des produits semi-finis, dans l'agroalimentaire, le bois, la pêche et les pierres précieuses.

6.2.4 L'anticipation des opportunités des programmes futurs par la mise en place d'études prospectives

Lors du dernier forum de l'AGOA, qui s'est tenu à Abidjan, le président Trump à travers Son Ambassadeur a rappelé la prorogation de l'AGOA jusqu'en 2025. Cet engagement montre bien la détermination des États-Unis à promouvoir la croissance et le développement économique de l'Afrique. Un programme futur, le Build Act, est donc envisagé, ces dispositions pourraient comprendre notamment l'élargissement des avantages et des produits admissibles, des amendements techniques et des clarifications juridiques, ainsi que des mesures permettant de répondre aux besoins des pays africains en matière d'assistance technique et de renforcement des capacités commerciales. On peut affirmer alors que « la loi sur la croissance et les possibilités économiques en Afrique » apporte beaucoup d'opportunité pour ses pays membres malgré ses limites et l'existence de différents problèmes. Mais par rapport aux objectifs visés, cette loi tarde encore à atteindre ses objectifs qui sont de promouvoir la croissance et le développement des pays de l'Afrique subsaharienne.

CONCLUSION

Les programmes de commerce américains dont l'African Growth Opportunities Act (la Loi américaine sur la croissance et les possibilités économiques en Afrique) promulguée en 2000 a fait plusieurs paris ambitieux. Se définissant comme un axe majeur de la coopération économique avec le continent africain, il accumule plusieurs objectifs dont l'encouragement du développement économique en Afrique et la promotion du commerce et des investissements dans les deux sens. Dans cette logique, ce régime offre aux pays bénéficiaires d'Afrique subsaharienne, un accès en franchise de droits de douane et sans restriction quantitative au marché américain afin d'améliorer la compétitivité africaine. Grâce à cette loi, plus de 1500 produits africains destinés aux USA seront exemptes de droits de douane.

Cet éventail s'ajoute à 4500 articles déjà compris dans le cadre du Système généralisé de préférences (SGP) dont bénéficient globalement plus de 129 pays en voie de développement du monde, y compris en Afrique, par le biais d'un droit de douane préférentiel (nulle ou très faible). Des exigences existent cependant. Ainsi, le produit doit satisfaire à deux règles d'origine : il doit directement être importé depuis un pays bénéficiaire et doit être cultivé, produit ou manufacturé dans un pays bénéficiaire. De même, pour en tirer profit, les États doivent remplir diverses conditions. Il s'agit notamment de la pratique d'une économie de marché, d'un État de droit, du pluralisme politique, la lutte contre la corruption, l'élimination des barrières au commerce et à l'investissement des USA, la protection des droits de l'homme et des travailleurs et l'élimination de certaines pratiques liées au travail des enfants. Au cours des années suivant son établissement, l'AGOA a été amendée, soit pour étendre sa couverture, proroger sa durée d'application, retirer ou introduire de nouveaux États. Actuellement, les produits couverts par ce cadre commercial vont des produits textiles aux matières premières en passant par les produits agricoles et les composantes de l'industrie automobile.

Prorogé jusqu'au 30 septembre 2025, l'AGOA bénéficie à 39 pays sur les 49 d'Afrique subsaharienne. L'accès préférentiel au marché américain incontestable d'accroître le niveau des échanges commerciaux du continent africain avec les USA. Selon des données officielles, ce partenariat commercial a suscité un accroissement de 500 % des exportations africaines aux États-Unis ces dix dernières années, et créé près d'1,3 million d'emplois. Malgré ces notes positives, cela n'a pas suffisamment amélioré la diversification et la transformation structurelle des économies africaines. L'AGOA en dépit de la formidable opportunité qu'elle offre aux pays, souffre de plusieurs insuffisances. La diversification des expéditions n'a pas connu d'avancées concrètes. La corbeille des exportations reste dominée par les produits liés à l'énergie et les articles manufacturiers comme les vêtements. Même dans cette dernière catégorie, les pays bénéficiaires sont restés ceux qui avaient déjà une industrie textile, les nouveaux entrants étant rares. De plus, l'importance des investissements directs américains sur le continent reste toute relative. Le continent africain ne bénéficie que de 1 % des investissements mondiaux des USA.

Selon la Commission économique de l'Afrique en 2016, ce sont surtout les entreprises asiatiques qui ont injecté du capital dans l'industrie du textile et de l'habillement en lieu et place des compagnies américaines. Autant de facteurs auxquels il faut ajouter de nombreuses contraintes qui empêchent les pays africains de réaliser pleinement le potentiel offert par l'AGOA. Il s'agit entre autres, de la faiblesse des infrastructures de production, de la formation de la main-d'œuvre, des contraintes financières des entreprises ou encore des défis comme le faible accès à un approvisionnement fiable en électricité. C'est donc à point nommé que s'est tenue la 18e édition du forum de coopération économique et commerciale entre les États-Unis et l'Afrique. Placée sous le thème : « AGOA et le futur : développer un nouveau paradigme commercial pour guider le commerce », celle-ci devait être l'occasion de s'accorder sur de véritables stratégies profitables aux différents États membres de l'AGOA.

Dans ce cadre, le forum du secteur privé qui a eu lieu à la Maison de l'entreprise, siège social du Patronat ivoirien, en marge de l'ouverture officielle de l'AGOA 2019 a permis aux participants de tirer un meilleur profit des échanges, de poser des questions, de lever toutes les équivoques et à enrichir leur compréhension de ce partenariat États-Unis/Afrique et des nombreuses opportunités de développement et d'affaires qu'elle offre aux pays qui y sont éligibles. Ces échanges ont été l'occasion de revenir sur les lacunes relevées dans le précédent AGOA. Car tirer les leçons du passé implique de faire en sorte que l'AGOA profite davantage aux secteurs d'activité cibles, se dote de règles d'origine plus souple, attire les investissements américains en Afrique, rende l'aide américaine à l'Afrique plus efficace, débouche sur la mise en place d'un mécanisme de suivi-évaluation mettant au centre le secteur privé et se concentre également sur la suppression des barrières non tarifaires à côté de la baisse des tarifs. Quelques axes qui, s'ils sont exploités, induiront certainement de mieux aborder les six années qui courent encore avant l'échéance de ce mécanisme préférentiel prévue en 2025.

L'étude qualitative du cas de la Côte d'Ivoire a permis d'analyser l'impact des Programmes de coopération économique des États-Unis sur le développement économique de la Côte d'Ivoire. Depuis l'introduction du cadre commercial en 2000, les statistiques indiquent une diminution du volume des échanges commerciaux, ce qui a entraîné un déficit de la balance commerciale américaine et a affecté l'intégration de la Côte d'Ivoire dans l'économie mondiale (H.R. Res. 434 2000, Williams 2015, Recensement américain 2017). L'importance de cette étude était de démontrer une méconnaissance ou une faible connaissance des programmes de commerce américains et de leurs fonctionnements, ce qui explique les faibles avantages tirés de ces opportunités de commerce pour les exportations ivoiriennes.

Les résultats de l'étude soutiennent la théorie de la langue qui suggère qu'il y a une probabilité d'une augmentation des échanges pour les pays partageant une langue commune et que la langue est déterminante tout comme le renforcement du capital humain et du dispositif organisationnel. L'évaluation des résultats a indiqué que les acteurs principaux des programmes de commerce américains en Côte d'Ivoire doivent privilégier l'orientation-marché pour tirer au maximum profit de ces programmes. Toutefois, pour les anciennes colonies françaises et portugaises de l'Afrique subsaharienne, la langue héritée des anciennes puissances coloniales respectives était une barrière au commerce sous le Programme AGOA (Selmier & Oh 2012, Mornah & MacDermott 2016).

Les résultats de l'étude soutiennent les théories suggérant que (1) l'éducation est un catalyseur pour le développement économique, social et personnel du pays ; (2) l'éducation de l'État détermine la répartition des talents et l'avantage comparatif; et (3) le niveau d'enseignement secondaire est considéré par les investisseurs comme le minimum absolu nécessaire pour stimuler la recherche d'efficacité IDE (Islam *et al.* 2012, Chang & Huang 2014, Cleeve *et al.* 2015).

Les résultats de l'étude ont indiqué que le réseau de transport constituait une contrainte pour les opérations commerciales pour les pays de l'ASS dans le cadre du programme AGOA. L'ancienne Union européenne. Les puissances coloniales, dont la France, ont construit les routes et les chemins de fer dans leurs anciennes colonies pour acheminer l'exportation de ressources naturelles à la métropole européenne. Les terminaux du port effectivement utilisés dans le SSA étaient équipés spécifiquement pour unifier les emballages de fret sous forme de palettes, de caisses mais le système moderne de transport maritime est conteneurisé et technologiquement avancé (Martin 2014, Basaran 2016, Bonfatti & Poelhekke 2017).

Néanmoins, les résultats de l'étude ont montré que les pays de l'AGOA sont affectés à un degré variable par le réseau de transport hérité de leurs anciennes puissances coloniales européennes. Des pays comme la Chine ont entamé une vaste offensive en Côte d'Ivoire aux plans diplomatique, militaire, économique et commercial.

Les résultats de l'étude suggèrent que l'héritage colonial continue d'être perpétué par les anciennes puissances coloniales européennes sous les structures culturelles ou politiques comme le Commonwealth, l'Organisation internationale de la Francophonie (OIF) et la Communauté des pays de langue portugaise pour les Portugais (Majumdar 2012, Marchal 2013, Coulibaly 2014, Ratnapalan 2016 & Dias Simões 2017). Bien que ces organisations bilatérales ont opéré sous le label de coopération culturelle ou d'accord commercial, leurs actions sont visant à protéger l'approvisionnement de leurs ressources naturelles et minérales traditionnelles (Huillery 2014).

La Côte d'Ivoire se doit surtout de développer des relations économiques matures et réussir la transition afin d'aboutir à des relations commerciales non plus soutenues par des arrangements dérogatoires temporaires mais à des relations gagnant-gagnant avec tous ses partenaires et particulièrement les États-Unis.

Certains résultats de la recherche ont soulevé des sujets intéressants liés à la langue, à l'éducation et à l'orientation commerciale des programmes de commerce. Ces paradigmes semblent contraindre l'intégration des pays d'Afrique subsaharienne dont la Côte d'Ivoire dans le commerce mondial. Chacun de ces facteurs a fourni une base pour d'autres recherches à explorer dans les études futures pour faire progresser la science de l'intelligence économique et stratégique, du commerce international dans le domaine des accords commerciaux avec l'Afrique de l'Ouest éligible aux programmes de commerce américain ou des cas similaires.

Une étude comparative avec les pays de l'Afrique de l'Est éligibles aux programmes de commerce américain permettra de savoir si les effets de ces programmes sur le développement économique de ces pays africains sont particuliers ou généralisables à tous les pays africains.

Les résultats de l'étude ont révélé que l'AGOA est de loin le programme de commerce qui continue d'avoir des effets commerciaux favorables avec les États-Unis et dans une moindre mesure l'AWEP. Les autres programmes de commerce (Power Africa, build Act, BIT) demeurent pratiquement méconnus alors que les objectifs poursuivis par ces programmes demeurent stratégiques et vitaux pour le développement économique des pays éligibles tels que la Côte d'Ivoire. Cependant, la Chine qui n'a aucune langue commune avec aucun des pays d'Afrique subsaharienne comme la Côte d'Ivoire a une croissance des IDE (voir tableau 12) et des opérations commerciales avec les pays d'Afrique subsaharienne (Obuah 2012, Busse *et al.* 2016). Ainsi, ce pays a une avance en termes d'investissement dans les secteurs stratégiques et autres tels que l'énergie, qui est aussi ciblée par le Power Africa.

Les futures études pourraient porter sur une comparaison entre la pratique sociale chinoise caractérisée par les relations interpersonnelles et la culture dominante occidentale auto-introspective pour accéder à leur impact sur le commerce avec les pays de l'ASS (NSHISSO 2017). En outre, l'étude pourrait comparer les résultats de la politique chinoise de non-ingérence et de soft power normatif par opposition à la philosophie américaine qui conditionne l'accord commercial avec les pays d'Afrique subsaharienne aux repères démocratiques (NSHISSO 2017).

La recherche future pourrait utiliser les résultats des besoins de l'Aide pour le commerce (AFT) dans les pays d'Afrique subsaharienne pour démontrer comment la concurrence entre les accords commerciaux, les stratégies et les IDE offerts à l'Afrique subsaharienne par différents partenaires commerciaux se complètent, compte tenu des défis liés à l'intégration des pays ASS dans le commerce mondial. Des études antérieures continuent de faire croire que les partenariats commerciaux occidentaux et chinois sont opposés. Cependant, ces études ignorent les efforts complémentaires que ces grandes économies apportent au développement économique de l'Afrique subsaharienne (Mothe et Pontemayor 2016).

Une recherche future également pourrait s'intéresser aux retombées du renforcement de la coopération entre la Côte d'Ivoire et la Russie face au repositionnement stratégique de ce pays (sommet Russie-Afrique).

Étant donné le faible niveau d'éducation, le capital humain non qualifié et la capacité commerciale réduite qui entravent l'économie d'échelle des pays d'Afrique subsaharienne en général et de la Côte d'Ivoire en particulier, la future enquête pourrait aborder la question liée à l'intégration des pays d'Afrique subsaharienne dans le marché mondial. L'objectif serait de démontrer comment la création et l'exportation de produits à valeur ajoutée confèrent aux pays d'Afrique subsaharienne un avantage concurrentiel sur la scène mondiale. L'exportation de produits à valeur ajoutée contribue à la croissance du commerce en augmentant les recettes d'exportation et en réduisant le recours à l'Aide pour le commerce (NSHISSO 2017).

RÉFÉRENCES BIBLIOGRAPHIQUES

I – Ouvrages généraux

AGOA (2009), AGOA Legislation -Summary of AGOA I, Disponible sur www.agoa.gov.

ANDERSON, T. W. and C. HSIAO (1982) « Formulation and Estimation of Dynamic Models Using Panel Data. » *Journal of Econometrics* 18: 47-82.

ARELLANO, M. and S. BOND (1991), « Some Tests of Specification for Panel Data: Monte Carlo Evidence and an Application to Employment Equations ». *The Review of Economic Studies* 58: 277-97.

ARNDT, R. (2006), T*he first resort of kings. American cultural diplomacy in the twentieth century*. Washington, DC, Potomac Books.

BACH, D. (1998), *Régionalisation, mondialisation et fragmentation en Afrique subsaharienne*, Paris, Karthala.

BADIE, B. (2004), *L'Impuissance de la puissance. Essai sur les incertitudes et les espoirs des nouvelles relations internationales*, Paris, Fayard, Coll. L'espoir en politique.

BADIE, B. (1993), *Culture et politique*, Paris, Economica.

BATTISTELLA, D. (2006), T*héorie des relations internationales*, Paris, Presses de Sciences Po, 2e Édition, revue.

BALTAGI, H. B., (1995), *Econometric Analysis of Panel Data*. New York: John Wiley& Sons.

BEAUD, M. (2006), *L'art de la thèse*, Paris, La Découverte.

BERRIDGE, G. R. et JAMES, A. (2003), *A Dictionary of Diplomacy*, London, Palgrave, (2e ed.).

BESSIS, S. (2002), *L'Occident et les Autres – Histoire d'une Suprématie*, Paris, La Découverte/Poche, (first published by La Découvertein 2001).

BLUNDELL, R. et S. BOND (1998), « Initial Conditions and Moment Restrictions in Dynamic Panel Data Modes », *Journal of Econometrics*, vol. 87, n ° 1 : 115-143.

BORA, CERNAT et TURRINI (2002), *Duty and Quota-Free Access for LDCs: Further Evidence from CGE Modeling'*, CNUCED, Policy Issues in International Trade and Commodities Study Series No. 14.

BOND, M. (1987), « An EconometricStudy of Primary Commodity Exports FromDeveloping Countries to the World » *IMF Staff Papers* 34: 191-227.

CANDAU F, L. FONTAGNE et J. SEBASTIEN (2004), `*The Utilisation of Preferences in the EU», mimeo,* presenté à la 7e Global EconomicAnalysisConference, Washington, 17-19 juin 2004.

CHAIGNEAU, P., (dir.) (1998), *Dictionnaire des relations internationales,* Paris, Economica.

CHAUBET, F., et MARTIN, L. (2011), *Histoire des relations culturelles dans le monde contemporain*, Paris, Armand COLIN.

CNUCED (1998), *Comment faire pour que les pays en développement, en particulier les PMA, tirent davantage parti des préférences commerciales et comment élargir ces préférences*, Rapport du secrétariat de la CNUCED TD/B/COM.1/20 21 juillet 1998.

CNUCED (2004), *The Least Developed Countries Report 2004* - Linking International Trade with Poverty Reduction.

COUTAU-BÉGARIE, Hervé. (2011), *Traité de stratégie.* Paris, Economica, 7e éd. Revue et augmentée, 1185 p.

DAVID, C., Ph., BALTHAZAR, L. et VAISSE, J., (2015), *La Politique étrangère des États-Unis : fondement, acteurs, formulation*, Paris, Presses de Sciences Po, 3e Édition, entièrement remaniée.

DEBRAY, R., (1984), *La Puissance et les rêves*, Paris, Gallimard.

DE SINGLY, F. (2001), *L'Enquête et ses méthodes : le questionnaire*, Paris, Nathan.DESTLER, I., M. (1980), *Making Foreign Economy Policy*, Washington DC, the brookings.

DEVIN, G (2002), *Sociologie des relations internationales*, Paris, La découverte.

DIEMOND, J. (2008), US-African Trade Profile 2008, US Department of Commerce, International Trade Administration, Market Access and Compliance: Office of Africa, ÉTATS-UNIS D'AMÉRIQUE.

DINNIE, K. (2008), *Nation branding. Concepts, issues, practice*, Oxford, Elservier, Butterworth-Heinemann.

DIOUF, R. M. (2015), *La Diplomatie sénégalaise de Senghor à nos jours : entre rationalité eterrances*, Dakar, Editions Njelbeen.

DUBOSCLARD, A., *et al.* (2002), *Entre rayonnement et réciprocité : contribution à l'histoire de la diplomatie culturelle*, Paris, Publications de la Sorbonne, 2002.

DUEÇK, C. (2006), *Reluctant États-Unis d'Amérique: Power, Culture and change in American Grand Strategy*, Princeton (N.J), Princeton University Press.

DUFORT, J. et F. MURRAY (2004), *Impact de l'appréciation du taux de change sur la croissance des exportations et du PIB du Québec*, ministère du Développement économique et régional et de la Recherche, Québec.

DULPHY, A. *et al.* (dir.) (2011), *Les Relations culturelles internationales au XXe siècle : de ladiplomatie culturelle à l'acculturation*, Bruxelles, Édition P.I.E. Peter Lang, Collection ½ Enjeux internationaux.

DURKHEIM, E. (1895), *Les Règles de la méthode sociologique*, Paris, Félix Alcan, coll. ½ Bibliothèque de philosophie contemporaine.

FOUDA, B. B. (2007), *Impact de l'AGOA sur les pays éligibles : analyse à travers le modèle CMS*, Université Paris I Sorbonne-CES, Ed. Communication présentée aux journées doctorales, France.

FOUDA, B.B. (2008), *Impact de l'AGOA sur les pays éligibles : dynamique des échanges, dynamique de structure et dynamique des taux de croissance ?*, Université Paris I Panthéon Sorbonne, 08 PA, France.

HAVEMAN, J. H. et H. J. SHATZ (2003), `*Developed Country Trade Barriers and theLeast Developed Countries – The EconomicResults of Freeing Trade*', Wider Discussion Paper No. 2003/46, juin 2003.

HENNER, H. F., (1997), *Commerce international*, Ed. Montchretien.

ICHIKAWA, H. (1996), « Constant-Market Share Analysis and Open Regionalism », in *The View of Economic and Technology Co-operation in APEC. IDE APEC Study Center. Institute of Development Economies*, Japan External Trade Organization.

ICTSD-ENDA (2005), *Passerelles Synthèse Mensuelle Bulletin Électronique*. Volume 4 Numéro 8 juillet 2005.

ICTSD-ENDA (2005), *Passerelles Synthèse Mensuelle Bulletin Électronique,* Mai 2006 Vol. 5, No. 5 Ex-Im Bank, New Releases 2005, available on line at www.exim.gov.

EX-IM BANK (2006), New Releases 2006, available on line at www.exim.gov Ex-Im Bank (2007), New Releases 2007.

EX-IM BANK (2008), 2008 Report, available on line at www.exim.gov.

IMF (2009), World Economic Outlook Database, Washington DC.

GAUTHIER, B. et BOURGEOIS, I. (2009), *Recherche sociale : de la problématique à la collecte des données*, 6e Édition, P.U.Q.

GONIDEC, P-F. (1996), *Relations internationales africaines*, Paris, LGDJ.

HALL, E., T. (1979), *Au-dela de la culture*, Paris, Éditions du Seuil.

HUNTINGTON, S., P. (1997), *The Clash of Civilizations and the Remaking of World Order*, A Touchstone Book, published by Simon & Schuster.

JAFFRELOT, C., (dir.) (2008), *L'Enjeu mondial. Les pays Émergents*, Edition Sciences Po, Presses de l'Express.

JAMES ROSENAU (1968), « Moral Fervor, Systematic Analysis and Scientific Consciousness in Foreign Policy Research », *in* Austin Ranney (dir.), *Political Science and Public Policy* (Chicago: Markham, 197-236.

JANICE STEIN (1971), « L'Analyse de la politique étrangère : à la recherche de groupes de variables dépendantes et indépendantes », *Études internationales*, 3.

KISSINGER, H. (1995), *Diplomacy,* A Touchstone Book, published by Simon & Schuster.

KIRMANI, N., L. MOLAJONI L., and T. MAYER (1984), « Effects of Increased Market Access on Exports of Developing Countries », *IMF Staff Papers* 31: 661-684.

KRUGMAN P. & OBSTFELD M., (2000), *Economie Internationale*. 5 ed. Bruxelles : De Boeck, collection « Prémisses ».

LAINE, P. (2011), *Présence française dans le monde. L'action culturelle et scientifique*, Paris, La Documentation française.

LALL, S. (2003), «FDI, AGOA and Manufactured Exports From a Land-Locked, Least-Developed African Economy: Lesotho» *QEH Working Paper Series*no.109, Oxford: University of Oxford, U.K. Online.

LANQUART, R. (1995), *Le Tourisme international*, Paris, PUF, 6e Édition, Collection « Que sais-je ? ».

LARONCE, C. (2000), *Nkrumah, le panafricanisme et les États-Unis*, Paris, Karthala.

LATREILLE, T. (2003), « Les Relations commerciales États-Unis/Afrique : qui bénéficie réellement de l'AGOA ? *Afrique contemporaine*, Dossier - Automne 2003.

LOGOSSAH K., J. M. SALMON et H. B. S. LECOMPTE, (2001), « L'Accord de Cotonou et l'ouverture économique : un partenariat modèle entre l'UE et les pays ACP ? », *Revue Région et Développement*, n° 14-2001.

MATTELART, A. (2005), *Diversité culturelle et mondialisation,* Paris, La Découverte.

MUCCHIELLI, A. (1994), *Les Méthodes qualitatives*, Paris, P.U.F.

NYE, J. (1990), *Bound to Lead: The Changing Nature of American Power*, Basic Books, New York.

ORIGET DU CLUZEAU, C. (2007), *Le Tourisme culturel*, Paris, PUF, 4e Edition.

MATTOO, A., R. DEVESH et A. SUBRAMANIAN (2003), "The African Growth and Opportunity Act and its Rules of Origin: Generosity Undermined?" *The World Economy*, Volume 26, Issue 6, juin, pp.829-851.

MCC (2007), 2007 Annual Report.

MOLD, A. (2005), *L'Afrique et les préférences commerciales-État des lieux et enjeux,* Document de travail, Commission économique pour l'Afrique, Centre d'Analyse des Politiques commerciales, Travail en cours, n° 27.

NILSSON, L. (2002), « Trading relations : Is the Roadmap from Lomé to Cotonou Correct? » Applied Economics 34 : 439-52.

NOUVE, K.. , J. STAATZ, D. SCHWEIKHARDT & M. YADE. (2002), «Trading Out of Poverty: WTO Agreements and the West African Agriculture». MSU *International DevelopmentWorking Paper* 80.

NOUVE, K. and J. STAATZ. (2003), « Has AGOA increased Agricultural Exports from Sub-Saharan Africa to The United States? » Department of Agricultural Economics, MSU, Staff Paper 2003-08.

NOUVE, K. (2005), «Estimation the effects of AGOA on African Exports using a Dynamic Panel Analysis».

OECD (2004), *Assessment of Utilization and Motive for Under-Utilization of Preferences in Selected Least* Developed Countries, 21-22 octobre.

OLARREAGA, M. and C. ÖZDEN (2005), «AGOA and Apparel: *Who Captures the Tariff Rent in the Presence of Preferential Market Access?*»*The World Economy* 28 (1) (January 2005): 63-77.

OMC (2008), *Rapport économique sur l'Afrique 2008* OMC, Rapport annuel de l'OMC.

PADONOU, E. (2018), *La Politique étrangère du Bénin sous le renouveau démocratique.Paradigme et acteurs*, Paris, L'Harmattan.

PATIN, V. (2005), *Tourisme et Patrimoine*, Paris, La Documentation Française.

PELZMAN P., and G. SCHOEPFLE (1988), « The Impact of the Caribbean Basin Economic Recovery Act on Caribbean Nations' Exports and Development ». *Economic Development and Cultural Change* 36: 753-96.

PINIAU, B., TIO, B., R. (1998), *L'Action artistique de la France dans le monde (Histoire del'AFAA)*, Paris, L'Harmattan.

RAGHAVAN, C. (2002), *Africa: NGOs Start Campaigns Against US AGOA*, Third World Network.

RAYMOND, J.-F. (2000), *L'Action culturelle extérieure de la Franc*e, Paris, La documentation française.

ROCHE, F. (2002), *La Culture dans les relations internationales*, Rome, E.F.R.I.

ROCHE, F. *et al.* (1995), *Histoires de diplomatie culturelle des origines à 1995*, Paris, La Documentation Française.

ROGOWSKY. R. & KOOPMAN B., (2001), *The impact of the Caribbean Basin Economic Recovery Act.* Washington D. C: USITC n ° 3447.

ROLLAND, D., (dir.) (2004), *Histoire culturelle des Relations internationales : Carrefour méthodologique*, Paris, L'Harmattan.

ROSE, K.A. (2002), *Do We Really Know that the WTO Increases Trade*? *NBER*, Working Paper n° 9273.

SHAPOURI, S. and M. TRUEBLOOD (2003), « The African Growth and Opportunity Act (AGOA): Does it Really Present Opportunities? », Paper Presented at the International.

CONFERENCE (2003), *Agricultural Policy Reform and the WTO: Where Are We Heading*? Capri (Italy), June 23-26.

SMITH, J. A (2011), *BRIC becomes BRICS: Emerging Regional Powers? Changes on the Geopolitical Chessboard*, Global Research.

STIGLITZ, J. (2002), *Globalization and its Discontents*, W. W. Norton & Company.

TOBELEM, J.-M. (dir.) (2007), *L'Arme de la culture. Les stratégies de la diplomatie culturelle non gouvernementale*, Paris, l'Harmattan.

TYLOR, E. B. (1871), *Primitive Culture: Researches Into the Development of Mythology, Philosophy, Religion, Art, and Custom,* Volume 1, Ed. J. Murray.

UNCTAD (2003), « The African Growth and Opportunity Act: A Preliminary Assessment », UNCTAD Report No. UNCTAD/ITCD/TSB/2003/1 (April 2003).

UNCTAD (2009), *Handbook of Statistics*. Geneva: United Nations.

ÉTATS-UNIS D'AMÉRIQUE ID (2005), *Fiscal year 2008 Budget Request*, Washington.

ÉTATS-UNIS D'AMÉRIQUE ID (2006), *Financial Year 2006 Performance and Accountability Report*, Washington.

ÉTATS-UNIS D'AMÉRIQUE ID (2007), *Agency Financial Report, Fiscal Year 2007*, Washington.

USITC (2005a), *Trade Web Database*. Washington DC: USITC.

USITC (2005b), « Export Opportunities & Barriers in AGOA-Eligible Countries », *Investigation* n °332-464, USITC Publication 3785, October 2005.

USTR (2004), *2004 Comprehensive Report on the US Trade and Investment Policy Toward Sub Saharan Africa and Implementation of the African Growth and Opportunity Act.*

The Fourth of Eight Annual Reports May 2004. USTR. Washington DC.

USTR (2005), *2005 Comprehensive Report on the US Trade and Investment Policy Toward Sub Saharan Africa and Implementation of the African Growth and Opportunity Act.* The Fifth of Eight Annual Reports May 2005. USTR. Washington DC.

USTDA (2005), Annual Report 2005. Washington.

USTDA (2006), Annual Report 2006. Washington.

USTDA (2007), Annual Report 2007. Washington.

VINER J. (1950), *The Customs Union Issue*. New York: Carnegie Endowment for International Peace.

WARNIER, J.-P. (2004), *La Mondialisation de la culture*, Paris, La Découverte.

II - Contributions scientifiques et intellectuelles

2.1 – Articles scientifiques et rapports de recherche

ANG, I., ISAR, R., Y. and MAR, P. (2015), « Cultural diplomacy: Beyond the national interest? », *Hillip International Journal of Cultural Policy*, Volume 21, n° 4.

BELANGER, L. (1999), « Redefining Cultural Diplomacy: Cultural Security and Foreign Policy in Canada », *Revue Political Psychology,* Vol. 20, n° 4., pp. 677-699.

BELANGER, L. (1994), «La Diplomatie culturelle des provinces canadiennes», *Études internationales*, vol. 25, n° 3, 421-452.

CLAUDEL, S. *et al.* (2017), «La Diplomatie culturelle face aux défis contemporains», *Terra Nova*.

CUMMINGS, M., C., (2003), «Cultural Diplomacy and the United States Government: A Survey», *Washington, DC: Center for Arts and Culture (ed.)*, consulté le 26 mai 2018.

DUBOIS, S., (2013), « Lecture géopolitique d'un produit alimentaire mondialisé : le vin », *Revue internationale et stratégique*, n° 89, p. 18-29.

FEIGENBAUM H. B. and The George Washington University (2001), « Globalization and cultural diplomacy », *Center for Arts and Culture*, november 2001, Arts, culture and the National Agenda, consulté le 14 mai 2018.

FINN, H., K., (2003), «The case for cultural diplomacy. Engaging Foreign Audiencies, Foreign affairs», volume 82, n° 6.

GALLOROTTI, G., M., (2011), «Soft Power: What it is, Why it's Important, and the Conditions Under Which it Can Be Effectively Used», *Division II Faculty Publications*, Paper 57.

GIRAUD, P.-N., (2006), « Comment la globalisation façonne le monde », *Politique étrangère*, 4.

GOODENOW, R. K. (2018). « The foundations of american imperial education ». Revista Española De Educación Comparada, (31), 87-110.

GREGORY, B. (2011), « American public diplomacy: Enduring characteristics, elusive transformation», *The Hague Journal of Diplomacy*, 6, 351–372, consulté le 10 novembre 2018.

HEINE, J., (2006), «Re-Shaping Diplomacy. On the Manner of Practising the New Diplomacy», *The Centre for International Governance Innovation*, Working Paper, n° 11.

MATSUURA, K., (2006), « L'Enjeu culturel au coeur des relations internationales », *Politique étrangère* 4, pp. 1045-1057. DOI 10.3917/pe.064.1045.

MATTERN, J., B., (2005), «Why ½ Soft Power ╗ Isn't So Soft: Representational Force and the Sociolinguistic Construction of Attraction in World Politics», Millenium - *Journal of International Studies*, 33; 583.

NDLOVU, S., M., (2010), « Sports as cultural diplomacy: the 2010 FIFA World Cup in South Africa's foreign policy », *Soccer & Society*, 11:1-2, 144-153.

NIVET, B., (2013), « La Puissance ou l'influence ? Un détour par l'expérience européenne», *Revue internationale et stratégique*, n° 89, p. 83-92.

PAIRAULT T (2020), Investissements en Afrique : La Chine et les «partenaires traditionnels». Consulté le 4 juillet 2020.

ROCHER, G., (1992), «Culture, civilisation et idéologie», in *Introduction à la Sociologie générale*. Première partie : L'Action sociale, chapitre IV, pp. 101-127, Montréal : Editions Hurtubise HMH ltée, 3e Édition.

SINGH, J., (2010), « International Cultural Policies and Power», ISBN: 9780230278011 DOI: 10.1057/9780230278011, Palgrave Macmillan.

TENZER, N., (2013), «La Diplomatie d'influence sert-elle à quelque chose?», *Revue internationale et stratégique*, n° 89, p. 77-82. UNESCO, 2018, «Repenser les politiques culturelles. La créativité au cœur du développement.» *Rapport mondial Convention 2005, Faire le suivi de la Convention de2005 sur la protection et la promotion de la diversité des expressions culturelles*,

WILSON, E., J., (2008), « Hard Power, Soft Power, Smart Power », III, 616.

WUTHNOW, J., (2008), «The Concept of Soft Power in China's Strategic Discourse», *Issues &Studies*, 44, n° 2, pp. 1-28.

ZAHARNA, R., S., (2012), «The Cultural awakening in public diplomacy», *Figueroa Press*, Los Angeles.

2.2 – Communications et conférences

MATTELART, T. (2009), *Enjeux intellectuels de la diversité culturelle. Éléments de deconstruction théorique*, consulté le 27/09/2009.

MBOUP, S. B. (2011a), « (Re) Connecting Africa through Information and Knowledge sharing–Stakes and Challenges for a Linguistic De-colonisation and Cultural Renaissance, lead paper at the African Renaissance Conference » *Connecting Africa,* Inkhosi Albert Luthuli, ICC-Durban, 04/05 August 2011.

MBOUP, S. B. (2011b), «An African Cultural Renaissance Perspective on Constitutionalism, Democracy, Peace, Justice and Shared Values: Challenges & Stakes for Statehood and Nation-building», *African Cultural Renaissance on Constitutionalism and Shared Values* - 2010, Center for African Renaissance Studies, UNISA, 8 january 2011.

MBOUP, S. B. (2008), « Conflicting leadership Paradigms and Need for an African Renaissance Perspective », first presented as lead paper, NEPAD E-Schools Stakeholders' Conference, E-Africa Commission, Ekhuruleni (RSA), 15th-18th April 2008; published in IJARS (International Journal of African Studies), Vol. III, # 1, UNISA, July 2008.

MBOUP, S. B. (2007), «A Vision of African Futures at the 2035-2040 Horizon: Major Trends, Benchmarks, Opportunities and Challenges – A Prospective Study on Sub-Saharan Africa in the Era of Globalisation», Department of Foreign Affairs of the Republic of South Africa (Policy, Research And Analysis Unit, April-July 2007.

MIEGE, B., [2004], « L'Économie politique de la communication », *HermΦs*38, pp. 46-54.

STIEGLER, B., [2004], « Pour un nouveau commerce symbolique », *Les nouveaux dossiers de l'audiovisuel*, n° 1, septembre-octobre, pp. 75-76.

2.3 – Travaux universitaires et académiques

– Thèses

DeSOUZA, W. [2014], *La place des Élites religieuses et traditionnelles au Bénin : l'impact des relations avec les Élites politiques sur le maintien de l'État démocratique*. Thèse de Doctorat, Université de Bordeaux.

DOUCIN, M. [2005], *Les Organisations non gouvernementales « acteurs-agis » des relations internationales ?* Thèse de Doctorat, Institut d'Études politiques de Bordeaux, Université Montesquieu-Bordeaux IV.

NKOUEDJE, P., et KEMAJOU, L. [2017], *La Politique culturelle de la République Populaire de Chine en Afrique Subsaharienne francophone de la Conférence de Bandung 2015 : soixante ans d'instrumentation de la culture*, Lyon, Université Jean Moulin, 2017.

NSHISSO, N. J. (2018), *The Impact of Colonial Legacy on the Trade between the United States and Sub-Sahara Africa under the African Growth and Opportunity Act*, Thesis of Doctor of Philosophy in Business Administration, Northcentral University, Prescot Valley–Arizona, 8/2018

PADONOU, N. E. G. [2015], *Contribution à l'Étude de la politique étrangère d'un État subsaharien : l'exemple du Bénin sous le renouveau démocratique*. Thèse de doctorat en sciences politiques, sous la direction de Saidou Nourou Tall, Université Cheikh Anta DIOP de Dakar, 2015.

– Mémoires

CISSE [I.] [2013], *Diplomatie culturelle de l'État du Sénégal : Bilan et perspectives*, Mémoire de 3e cycle, CEDS Dakar, 2012-2013.

COMLAN [J. S.] [2015], *La Politique extérieure de l'Union africaine*, Mémoire de Master II recherche, Université d'Abomey-Calavi, 2015.

GUINANT [P.] [2013], *La Politique de la France en Afrique subsaharienne après les indépendances*, Mémoire, IEP de Toulouse, 2012-2013.

KONATE (S) [2010], *Impact de l'AGOA sur les exportations des pays éligibles de la CEDEAO*, Mémoire de 3e cycle-Master-NPTCI, 2009-2010.

SOTTON, (E) [2001], [sous la direction de Bernard LAMIZET], *Les Enjeux de la diplomatie culturelle dans la mondialisation. D'après l'exemple de la France aux États-Unis*, Mémoire de fin d'études, Lyon, Institut d'Études politiques de Lyon, septembre 2001.

2.4 – Actes et rapports

Actes du séminaire sur *la politique extérieure et la diplomatie du Bénin*, tenu à Cotonou au Bénin du 20 au 23 avril 1990.

Actes du séminaire parlementaire : Le parlement et les relations internationales, tenu à Dakar au Sénégal, du 19 au 21 mars 2000.

Actes du colloque de l'UNESCO sur *Mondialisation et identités : vers une mondialisation αvisage humain*, le 07 novembre 2000.

Actes du Colloque sur *L'enjeu de la culture dans le champ multilatéral* à l'IEP de Lyon, Mai 2001.

Actes de la Conférence des Ambassadeurs, tenue à Cotonou au Bénin du 26 au 28 février 2009.

Rapport Doing Business [2019] sur la Côte d'Ivoire.

UNESCO [2001], *Déclaration universelle de l'Unesco sur la diversité culturelle, adoptée par la 31e session de la Conférence générale de l'UNESCO*, consulté le 16/12/2017.

SARR, F. et SAVOY, B. [2018], *Rapport sur la restitution du patrimoine culturel africain. Vers une nouvelle éthique relationnelle*, novembre 2018

III - Autres documents

3.1 – Déclarations, conventions et textes nationaux

Accord portant création de la *Grande Commission Mixte de Coopération Bénino-Ivoirienne* signé le 27 février 1992.

Accord portant création de la *Commission Mixte Permanente de Coopération entre le Bénin et le Niger* signé en janvier 2015.

Acte constitutif de l'Union africaine du 11 juillet 2000.

Charte du Conseil de l'Entente du 05 décembre 2011.

Convention sur le *Trafic illicite des biens culturels* [1970], adoptée par la Conférence générale de l'UNESCO.

Convention pour la *Protection de biens culturels en cas de conflit armé* [1954 révisée en 1999], adoptée par la Conférence générale de l'UNESCO.

Convention sur la *Protection du Patrimoine culturel subaquatique* [2001], adoptée par la Conférence générale de l'UNESCO.

Convention sur la *Protection et la Promotion du Patrimoine immatériel* [2003], adoptée par la Conférence générale de l'UNESCO.

Déclaration des *Principes de la Coopération culturelle internationale*, adoptée par la Conférence générale de l'UNESCO, 14e session, Paris, 4 novembre 1966.

Déclaration universelle de l'UNESCO sur la *Diversité culturelle* [2001], adoptée par la Conférence générale de l'UNESCO.

Décret n° 2005-763 du 09 décembre 2005 portant approbation de la Politique nationale de Coopération décentralisée.

Décret n 2005-764 du 09 décembre 2005 portant définition et modalités de la coopération décentralisée.

Décret n° 2011-468 du 21 décembre 2011 fixant les modalités d'application de la loi n° 2007-669 du 27 décembre 2007 portant Statut du Corps diplomatique, tel que modifié par le décret n° 2012-1201 du 31 décembre 2012.

Décret n° 2016-594 du 3 août 2016 portant organisation du ministère des Affaires étrangères ;

Loi n° 2016-886 du 8 novembre 2016 portant Constitution de la République de Côte d'Ivoire.

Traité révisé de la CEDEAO du 24 juillet 1993.

Traité de l'UEMOA du 10 janvier 1994.

3.2 – Discours

Allocution de son Excellence Monsieur Alassane Ouattara, Président de la République de la Côte d'Ivoire, prononcé à l'occasion du 18e Forum ministériel de l'AGOA :

Sur le Thème : « AGOA et l'avenir : élaborer un nouveau paradigme commercial pour orienter le commerce et les investissements entre les États-Unis et l'Afrique » organisée par la Côte d'Ivoire, du 04 au 06 août 2019 à Abidjan.

3.3 – Actes administratifs

Programme social du Gouvernement ivoirien, 2019.

Stratégie nationale de l'AGOA de la République de Côte d'Ivoire

IV - Sources électroniques ou webographie

www.diplomatie.gouv.bj consulté le 20 décembre 2019 à 20 h.

http://www.tourisme-culture.bj consulté le 20 décembre 2019 à 20 h.

www.benincultures.com consulté le 20 décembre 2019 à 20 h.

www.finances.bj consulté le 20 décembre 2019 à 20 h.

http://www.thucydide.com/ consulté le 20 décembre 2019 à 20 h.

http://www.vie-publique.fr/ consulté le 20 décembre 2019 à 20 h.

www.cairn.info/revue-relations-internationales consulté le 20 décembre 2019 à 20 h.

www.universalis.gr/encyclopedie/benin/ consulté le 20 décembre 2019 à 20 h.

www.nepad.org consulté le 20 décembre 2019 à 20 h.

www.africa-union.org consulté le 20 décembre 2019 à 20 h.

www.codesria.org consulté le 20 décembre 2019 à 20 h.

www.unesco.org consulté le 20 décembre 2019 0 à 20 h.

www.agoa.gov consulté le 20 décembre 2019 à 20 h.

www.watradehub.com consulté le 20 décembre 2019 à 20 h.

http://www.ictsd.org/pass_synthese/index.htm consulté le 20 décembre 2019 à 20 h.

www.usitc.govconsulté le 20 décembre 2019 à 20 h.

www.États-Unis d'Ameriqueid.gov consulté le 20 décembre 2019 à 20 h.

www.ustda.org consulté le 20 décembre 2019 à 20 h.

www.afristat.org consulté le 20 décembre 2019 à 20 h.

ANNEXES

Annexe 1 : Évolution de la production du café et du cacao [en tonnes]

Tableau 1a. Évolution de la production du café et du cacao [en tonnes]

Produits	CAMPAGNES				
	2012-2013	2013-2014	2014-2015	2015-2016	2016-2017
CACAO	1 448 992	1 746 204	1 795 852	1 580 611	1 848 233
CAFÉ	103 743	105 867	126 587	105 601	27 987
TOTAL	1 552 735	1 852 071	1 922 439	1 686 212	1 876 220

Source : Le Conseil du Café-Cacao, 2017

Annexe 2 : Répartition des exportations de cacao par destination [en tonnes]

Tableau 2a. Répartition des exportations de cacao par destination [en tonnes]

Destination	2012-2013	2013-2014	2014-2015	2015-2016	2016-2017
Union européenne	882 331	919 554	1 137 058	1 042 879	1 003 051
Autres pays d'Europe	151 614	193 588	161 616	126 636	132 042
Amérique du Nord	368 679	412 077	359 998	329 384	404 954
Amérique du Sud	1 333	7 241	7 029	5 547	1 849
Asie	94 356	166 717	96 212	64 378	121 620
Afrique	20 389	10 555	23 017	8 195	11 449
Océanie	2 822	3 731	4 592	2 889	2 651
Total général	1 521 524	1 713 463	1 789 522	1 579 908	1 677 616

Source : Le Conseil du Café-Cacao, 2017

Annexe 3 : Répartition des exportations de cacao par destination [en tonnes]

Tableau 3a. Répartition des exportations de cacao par destination [en tonnes]

Destination	2012-2013	2013-2014	2014-2015	2015-2016	2016-2017
Afrique	71 655	61 053	62 800	60 234	21 065
Union européenne	34 670	21 644	15 930	20 247	7 121
Asie	1 741	4 547	5 725	5 370	919
Amérique du Sud	2 211	1 344	724.8	0	0
Autres pays d'Europe	398	94	54	72	0
Total général	**110 675**	**88 682**	**84 509**	**85 923**	**29 105**

Source : Le Conseil du Café-Cacao, 2017

Annexe 4 : Comparaison des performances des pays en matière d'exportations sous AGOA Tableaux [a et b]

Tableau a

Valeur [Milliers $ US] des exportations totales et sous AGOA des Pays								
	Sud Afrique		Togo		Cote d'Ivoire		Nigéria	
	E. sous AGOA	E totales	E. sous AGOA	E totales	E. sous AGOA	E totales	E. sous AGOA	E totales
2015	1730100	7437219	11	309968	530	1027707	1403195	1925414
2016	1858388	7015036	20	228299	120	1164310	3482333	4199917
2017	1817607	8044212	80	484993	37717	1196031	6089946	7136397

Source : www.AGOA.info

NB : E A : Exportations sous AGOA
E T : Exportations totales

Tableau b

Part des exportations sous AGOA dans l'ensemble des exportations des Pays								
	Sud Afrique		Togo		Cote d'Ivoire		Nigéria	
Année	Exportations sous AGOA	Exportations totales	Exportations sous AGOA	Exportation s totales	Exportations sous AGOA	Exportations totales	Exportations sous AGOA	Exportations totales
2015	23,26 %	100 %	0,004 %	100 %	0,05 %	100 %	72,88 %	100 %
2016	26,49 %	100 %	0,009 %	100 %	0,01 %	100 %	82,91 %	100 %
2017	22,60 %	100 %	0,016 %	100 %	3,15 %	100 %	85,34 %	100 %

Source : www.AGOA.info

Annexe 5 : Afrique Subsahérienne

Appendix A: Sub-Sahara Africa (SSA)

Figure 1

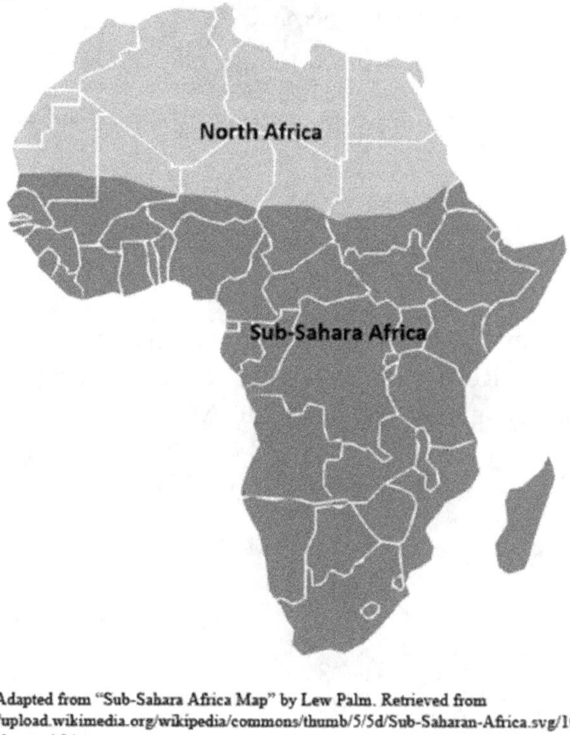

Note. Adapted from "Sub-Sahara Africa Map" by Lew Palm. Retrieved from https://upload.wikimedia.org/wikipedia/commons/thumb/5/5d/Sub-Saharan-Africa.svg/1024px-Sub-Saharan-Africa.svg.png

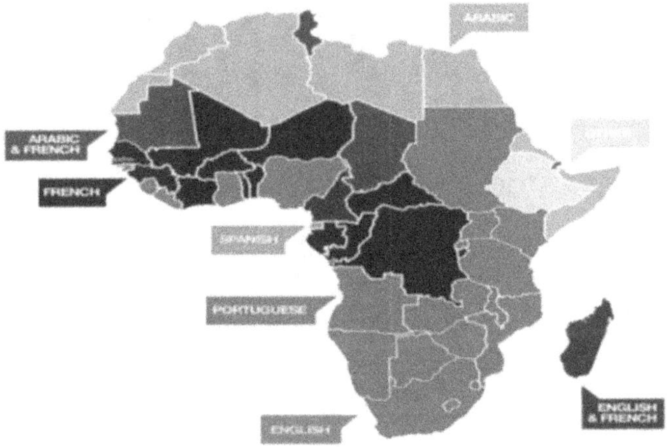

Source : adapté de "Corporate Council on Africa" by Japan Africa network. Retrieved from_http://www.corporatecouncilonafrica.com/business_languages_in_Africa

TABLE DES MATIÈRES

Structures éditoriales du groupe L'Harmattan

L'Harmattan Italie
Via degli Artisti, 15
10124 Torino
harmattan.italia@gmail.com

L'Harmattan Hongrie
Kossuth l. u. 14-16.
1053 Budapest
harmattan@harmattan.hu

L'Harmattan Sénégal
10 VDN en face Mermoz
BP 45034 Dakar-Fann
senharmattan@gmail.com

L'Harmattan Cameroun
TSINGA/FECAFOOT
BP 11486 Yaoundé
inkoukam@gmail.com

L'Harmattan Burkina Faso
Achille Somé – tengnule@hotmail.fr

L'Harmattan Guinée
Almamya, rue KA 028 OKB Agency
BP 3470 Conakry
harmattanguinee@yahoo.fr

L'Harmattan RDC
185, avenue Nyangwe
Commune de Lingwala – Kinshasa
matangilamusadila@yahoo.fr

L'Harmattan Congo
67, boulevard Denis-Sassou-N'Guesso
BP 2874 Brazzaville
harmattan.congo@yahoo.fr

L'Harmattan Mali
ACI 2000 - Immeuble Mgr Jean Marie Cisse
Bureau 10
BP 145 Bamako-Mali
mali@harmattan.fr

L'Harmattan Togo
Djidjole – Lomé
Maison Amela
face EPP BATOME
ddamela@aol.com

L'Harmattan Côte d'Ivoire
Résidence Karl – Cité des Arts
Abidjan-Cocody
03 BP 1588 Abidjan
espace_harmattan.ci@hotmail.fr

Nos librairies en France

Librairie internationale
16, rue des Écoles
75005 Paris
librairie.internationale@harmattan.fr
01 40 46 79 11
www.librairieharmattan.com

Librairie des savoirs
21, rue des Écoles
75005 Paris
librairie.sh@harmattan.fr
01 46 34 13 71
www.librairieharmattansh.com

Librairie Le Lucernaire
53, rue Notre-Dame-des-Champs
75006 Paris
librairie@lucernaire.fr
01 42 22 67 13

www.ingramcontent.com/pod-product-compliance
Lightning Source LLC
LaVergne TN
LVHW011024061026
849535LV00006B/2044
* 9 7 8 2 3 4 3 2 3 1 0 3 7 *